KB220291

선으로
읽는
복음

선^禪으로
읽는 복음

심성일 지음

침묵의 향기

종교 간 대화의 세계적인 석학이자 《붓다 없이 나는 그리스도인이 될 수 없었다》라는 책으로 서구 사회에 큰 반향을 불러일으켰던 미국 뉴욕 유니언신학대의 폴 니터(Paul Knitter) 석좌교수는 "붓다로 인해 그리스도의 신비, 그리스도의 생명에 더 가까이 가게 되었다."라고 말한 바 있다.

많은 사람은 말한다. 불교와 기독교는 물과 기름과 같아서 둘은 결코 어울릴 수 없다고. 그와 같은 질문에 이 노 신학자는 이렇게 말했다.

"아니다. 둘 사이에는 중요한 연결고리가 있다. 그리스도인이 진정 원하는 게 뭔가. 아주 깊이, 그리스도 안에서 하나가 되는 거다. 그렇게 그리스도의 신비를 깨닫는 거다. 그러나 사람들은 방법을 모른다. 뜻밖에도 불교가 실질적인 방법을 제시한다. 그리스도인에게 '작은 도움'이 아니라 '결정적인 도움'을 준다."[*]

불교가 제시하는 실질적인 방법, 결정적인 도움이란 무엇일까? 그것은 바로 선(禪)이다. 문자를 세우지 않고 경전 바깥에 따로 전하여 사람의 마음을 직접 가리킴으로써 자신의 성품을 보아 부처를 이루게 하는 것이다. 자기 자신에게 갖추어져 있는 불성(佛性)을 직접 체험하는 게 선(禪)이다. 그리스도인에게는 자신 안에 있는 그리스도와 하나 되는 것, 자기 안의 신성(神性)을 경험하는 것이 그것일 것이다.

그러기 위해서는 불교에서 선이 경전의 문자와 이미지 너머의 실재를 직접 체득하게 하듯, 성서의 복음을 문자적으로 이해하는 수준을 넘어 그 '말씀'이 당사자의 가슴 안에서 살아나 문자와 이미지 너머에 있는 하나님과 예수님을 직접 체험하도록 해야만 한다. 이 작은 책자는 바로 그러한 노력의 일환이다.

나는 비록 기독교인은 아니지만 어린 시절부터 성서, 그중에서도 신약의 4복음서를 좋아했다. 정확히는 복음서에 묘사된 예수라는 인물을, 말 그대로, 사랑했다. 복음서에 기술된 예수의 언행

---

[*] 백성호, 〈문자에서 벗어나세요, 명상을 하면 예수가 더 잘 보입니다〉, 중앙일보 2011년 1월 13일자 기사.

에서 어린아이로서는 명확히 알 수 없는 무언가가 건드려졌던 것 같다. "진리를 알지니 진리가 너희를 자유케 하리라."라는 말은 그 후 내 영적 여정의 지남(指南)이 되었다.

진리를 찾아 떠난 나의 여정은 불교를 통해, 사람의 본성을 곧장 가리키는 선의 가르침을 통해 끝맺게 되었다. 모든 여행이 그러하듯 출발했던 그 자리, 있는 그대로의 나 자신으로 돌아옴으로써 모든 추구의 종지부를 찍을 수 있었다. 그때 우연히 오랫동안 내 주위에 있던 성서의 한 쪽을 펼쳐보았다. "하나님께서 우리와 함께 계시다." 머리꼭지부터 발끝까지 번개가 관통하듯 전율이 일었다. 그 문장, 그 말씀이 이해가 아니라 곧장 체험되었다. 언제나 우리와 함께 계신 하나님, 바로 지금 여기 이것이 너무나 명백하게 자각되었다.

폴 니터 교수처럼 나 역시 붓다를 통해 그리스도의 신비, 그리스도의 생명을 더 가까이 느낄 수 있었다. "이제는 내가 사는 것이 아니라 내 안의 그리스도가 산다."는 말이 무엇을 뜻하는지 분명히 안다. "나와 아버지는 하나다."라는 말에 추호의 의심도 없다. 아멘(Amen)*이다. 많은 사람이 각 종교의 언어 문자, 이미지를 넘어 그것이 가리키려는 실재를 보기 바란다. 손가락이 아니라

---

* 히브리어로 '진실로', '확실히', '참으로', '그리되게 하옵소서'. 즉, 동의의 뜻을 나타내는 표현이다. 영어에서는 "So be it."이라는 말로도 많이 대체된다.

달을 보기를 바란다. 종파주의를 넘어 살아 있는 진리, 살아 있는 하나님, 살아 있는 부처, 진정한 자기 자신을 깨닫게 되기를 바란다.

2022년 유난히 따뜻한 초겨울에
심성일 손 모음

| 차례 |

1. 여기에서 인용한 성서의 구절은 주로 〈공동번역성서〉에서 발췌하되, 다만 '하느님'을 '하나님'으로 고치고, 일부 오늘날의 한글 맞춤법에 맞지 않는 부분은 수정하였습니다.

2. 본문 가운데 (잠시 묵상)이라는 표시가 나오면, 책 읽기를 멈추고 잠시 자기 마음이라는 거울 위에 글의 내용을 말없이 비추고 있기 바랍니다. 글의 의미가 스스로 떠오를 때까지 묵묵히 비추기만 하십시오.

3. (침묵)이라는 표시에서는 말 그대로 말과 생각의 움직임을 멈추기 바랍니다. 침묵 속에 머물면서 침묵 자체가 말할 수 있도록 허용하기 바랍니다.

선禪으로 읽는 복음

1. 하나님은 우리와 함께 계시다

"동정녀가 잉태하여 아들을 낳으리니 그 이름을 임마누엘이라 하리라." 하신 말씀이 그대로 이루어졌다. 임마누엘은 "하나님 께서 우리와 함께 계시다."는 뜻이다.

_마태복음, 1:23

여기 복음(福音, Gospel), 복된 소식, 좋은 소식이 있습니다. '동정 녀'가 잉태하여 '임마누엘'이라는 아들을 낳는다고 합니다. '임마누 엘'이란 '하나님께서 우리와 함께 계시다.'라는 뜻이라 합니다.

하나님의 아들, 사람이 되신 하나님, 예수는 동정녀 마리아를 통해 태어났습니다. 동정녀는 순결과 무구를 상징합니다. 때 묻지 않은 순수한 마음에서 진리가, 말씀이 구현되었습니다.

예수(Jesus)라는 이름은 히브리어 여호수아(Jehosua), 곧 '여호와 (Jehovah)가 구원하다.'라는 말이 그리스어화한 것이라 합니다. 예수는 여호와, 하나님의 구원이요, 그 구원은 임마누엘, 하나님이 우리와 함께 계신다는 사실입니다.

예수의 탄생은 언제나 우리와 함께 계시는 하나님의 임재(臨在, presence)에 대한 자각입니다. 그의 현존에 대한 자각이 바로 그에 의한 구원 자체입니다. 하나님이 바로 지금 여기 우리와 함께 계십니다.

예수와, 하나님과, 그의 임재하심이 결코 서로 분리되어 존재하는 사건들이 아닙니다. 바로 지금 여기에 우리가 있음이 바로 현존하는 예수이자 하나님, 그의 임재하심입니다. 하나님은 언제나 우리와 함께 계십니다.

하나님은 스스로 존재하는 자, '나는 나다(I AM WHO I AM)'입니다. 바로 지금 이 순간 결코 부정할 수 없는 우리 존재의 근원입니다. 우리는 하나님에게서 나와 하나님에게로 돌아갑니다.

결코 대상화할 수 없는 존재, 절대적인 존재가 바로 지금 여기 있습니다. 하나님께서 우리의 눈을 통해 보시고, 우리의 귀를 통해 듣고 계십니다. 우리가 하나님을 알 수는 없지만, 전지전능하신 하나님은 우리를 아십니다.

바로 지금 여기에서 하나님의 임재를 확인하십시오. 세상의 시작부터 끝까지 언제나 우리와 함께하시는 하나님, 한시도 떨어질 수 없는 우리 존재의 근원을 돌아보십시오. 바로 지금 여기, 있습니다.

(잠시 묵상)

2. 하나님의 아들은 어디에 있는가

예수께서 헤로데 왕 때에 유다 베들레헴에서 나셨는데 그때 동
방에서 박사들이 예루살렘에 와서 "유다인의 왕으로 나신 분이
어디 계십니까? 우리는 동방에서 그분의 별을 보고 그분에게
경배하러 왔습니다." 하고 말하였다. 이 말을 듣고 헤로데 왕이
당황한 것은 물론, 예루살렘이 온통 술렁거렸다.

_마태복음, 2:1~3

요셉은 자기와 약혼한 마리아와 함께 등록하러 갔는데 그때 마
리아는 임신 중이었다. 그들이 베들레헴에 가 머물러 있는 동안
마리아는 달이 차서 드디어 첫아들을 낳았다. 여관에는 그들이
머무를 방이 없었기 때문에 아기는 포대기에 싸서 말구유에 눕
혔다.

_누가복음, 2:5~7

하나님의 아들, 하나님의 육화(肉化)이신 예수는 황금과 비단으
로 치장된 궁궐에서 태어나지 않았습니다. 오히려 이름 없는 마을

19

의 헛간에서 태어나 말구유에 누웠습니다. 성서의 저자들은 이 이야기를 통해 무엇을 독자들에게 전달하려 했던 것일까요?

보통의 사람들은 진리라는 것이 대단히 위대하고 고상한 어떤 것이라는 선입견을 가지고 있습니다. 세속의 가치나 권력처럼 모든 사람이 소유할 수 없는 귀중한 것이라 믿는 경우가 많습니다. 그들은 마치 진리가 어떤 물건과 같이 한계가 있는 대상인 줄 알고 있습니다.

그러나 과연 그럴까요? 진리라는 것이 있다면 그것이 일정한 한계를 가지고 있을까요? 그리하여 어떤 것은 진리이고, 어떤 것은 진리가 아니라는 구별이 가능할까요? 설사 그러한 구별이 가능하다고 하더라도 진리 바깥에서 그것을 구별하는 사람은 또 무엇인가요?

진리에 속성이 있다면 그것은 무소부재(無所不在), 있지 아니한 곳이 없는 것이 아닐까요? 베들레헴의 말구유에 누운 아기 예수의 형상은 가장 비천한 곳에도 진리가 임재함을 보이기 위한 비유와 상징이 아닐까요? 보잘것없는 나날의 생활 가운데 절대불변의 진리가 작용하고 있지는 않을까요?

바로 지금 이 순간 보이고 들리고 느껴지고 알아지는 대상들에게서 주의를 돌려, 그렇게 보고 듣고 느끼고 아는 주의 자체에 두어 보십시오. 바깥의 분별되는 대상들에 대한 관심을, 바로 지금 이 순간 아무 분별 없이 살아 있는 의식 자체에 가만히 두어 보십시오.

(잠시 묵상)

우리의 내면과 외면을 두루 감싸고 있는, 허공과 같은 생명, 광활한 의식을 느껴보십시오. 모든 것을 있는 그대로 수용하고 있는, 알 수 없는 그 무엇을 감지해 보십시오. 없는 듯하지만 분명 무언가 있습니다. 있는 것 같지만 딱히 무엇이 있지는 않습니다. 이것이 무엇일까요?

진리, 하나님, 예수, 생명, 의식, 마음……. 온갖 이름을 떠올릴 수 있지만, 그것은 이 알 수 없고, 이름 붙일 수 없는 무엇 안에서 일어나는 헛된 메아리와 같습니다. 모든 이름 하나하나가 바로 지금 이 순간, 결코 떨어질 수 없는 이 무엇의 존재를 드러내고 있습니다. 도대체 이것이 무엇일까요?

알고는 싶지만 도무지 알 수는 없는 마음, 그 마음으로 그저 가만히 있어 보십시오. 그 생생한 살아 있음, 이렇게 존재하고 있음 자체로 있어 보십시오. 생각의 방해와 간섭 너머 그것들과 아무 상관없는 그 무엇으로 있어 보십시오. "너희는 멈추고 내가 하나님인 줄 알아라."(시편, 46:10)

(잠시 묵상)

바로 지금 이 순간, 하나님은 어디에 계십니까? 이 질문에 대답하려 하지 마시고 그저 그 질문이 일어났다 사라지는 곳에 마음을 두어 보십시오. 바로 지금 이 순간, 예수는 어디에 계십니까? 역시 앞의 질문과 마찬가지입니다. 그리고 마지막으로 바로 지금 이 순간, 당신은 어디에 계십니까?

(침묵)

3. 하나님의 구원을 보다

그런데 예루살렘에는 시므온이라는 사람이 살고 있었다. 이 사람은 의롭고 경건하게 살면서 이스라엘의 구원을 기다리고 있었다. 그에게는 성령이 머물러 계셨는데 성령은 그에게 주님께서 약속하신 그리스도를 죽기 전에 꼭 보게 되리라고 알려 주셨던 것이다.

마침내 시므온이 성령의 인도를 받아 성전에 들어갔더니 마침 예수의 부모가 첫아들에 대한 율법의 규정을 지키려고 어린 아기 예수를 성전에 데리고 왔다. 그래서 시므온은 그 아기를 두 팔에 받아 안고 하느님을 찬양하였다.

"주여, 이제는 말씀하신 대로 이 종은 평안히 눈감게 되었습니다. 주님의 구원을 제 눈으로 보았습니다. 만민에게 베푸신 구원을 보았습니다. 그 구원은 이방인들에게는 주의 길을 밝히는 빛이 되고 주의 백성 이스라엘에게는 영광이 됩니다."

아기의 부모는 아기를 두고 하는 이 말을 듣고 감격하였다. 시므온은 그들을 축복하고 나서 아기 어머니 마리아에게 이렇게 말하였다.

"이 아기는 수많은 이스라엘 백성을 넘어뜨리기도 하고 일으키기도 할 분이십니다. 이 아기는 많은 사람의 반대를 받는 표적이 되어 당신의 마음은 예리한 칼에 찔리듯 아플 것입니다. 그러나 그는 반대자들의 숨은 생각을 드러나게 할 것입니다."
_누가복음, 2:25~35

석가모니가 출생했을 무렵 아시타(阿私陀)라고 하는 위대한 예언자, 선인(仙人)이 있었습니다. 아시타 선인은 선정(禪定) 속에서 수많은 천신(天神)이 기뻐하는 모습을 보았습니다. 천신들에게 그 이유를 묻자, 천신들은 장차 부처가 되어 중생을 구원할 보살이 정반왕(淨飯王)의 아들로 태어났다고 알려 주었습니다. 정반왕의 스승이었던 아시타 선인은 그 길로 곧장 왕궁에 찾아가 갓난아기인 왕자를 친견하였습니다.

왕자를 살펴보던 선인은 예배를 올리고 갑자기 눈물을 흘리기 시작했습니다. 선인의 눈물을 본 정반왕은 불안한 얼굴로 어찌하여 우는지 묻습니다. 그러자 아시타 선인은 "왕자는 장차 최상의 깨달음을 얻은 부처가 되어 바른 법과 바른 진리로 많은 사람을 고통에서 구제할 것이지만, 그때 자신은 이미 수명이 다하여 왕자가 부처가 되어 깨달으신 바른 진리를 설하실 때 그것을 들을 수 없다는 것이 너무나 슬프기 때문"이라고 답했습니다.

아아, 아시타 선인이 비록 신통력이 자재하고 뛰어난 선정과 예지를 가졌지만 진리를 보고도 진리를 깨닫지 못했습니다. 그에 비하면 시므온이란 사람은 얼마나 지혜롭습니까? 시므온은 아기 예수를 보는 순간 이렇게 말했습니다. "주여, 이제는 말씀하신 대로 이 종은 평안히 눈 감게 되었습니다. 주님의 구원을 제 눈으로 보았습니다. 만민에게 베푸신 구원을 보았습니다." 그는 단박에 진리를 바로 보았고, 진리를 바로 깨달았습니다.

진리는 과거, 현재, 미래가 없습니다. 진리는 늘 지금(至今)입니다. 진리는 언제나 바로 이 순간 이르러 있는 것입니다. 구원은 미래에 이루어질 사건이 아니라, 바로 지금 이 순간 이미 주어져 있는 현존입니다. 듣지 못했습니까? 불가(佛家)에서도 "세존이 도솔천을 떠나기 전에 이미 왕궁에 내려오셨으며, 어머니의 태에서 나오기 전에 이미 사람들을 다 제도하셨다."라고 하였습니다. 진리가 이미 현존해 있다는 가장 강력한 증거는 바로 우리 자신의 존재입니다.

바로 지금 여기 이 순간 우리 자신이 존재하고 있다는 것이 진리가, 하나님이 현존하고 계신다는 가장 분명한 증거입니다. 우리의 삶과 죽음이 이 진리의 증거입니다. 우리의 들숨과 날숨, 행복과 불행, 기쁨과 슬픔이 모두 우리의 힘으로는 도무지 알 수 없는 하나님의 비밀하신 역사(役事)입니다. 우리는 언제 어디서나 이 거룩한 성령의 임재를 체험하고 있습니다. 바로 지금 여기 우리의 눈과 귀, 코와 입, 손과 발을 통해 작용하고 있습니다.

마치 텅 빈 거울에 온갖 사물의 모양이 있는 그대로 비춰지듯, 바로 지금 여기 이 순간 우리의 눈앞에서 모든 내적, 외적 현상들이 드러나고 있습니다. 우리 마음속 깊은 곳에 숨어 있는 저열한 욕망에서부터 지극히 숭고한 이상(理想)에 이르기까지 모든 것이 바로 지금 여기 이 순간에 드러나 있습니다. 어떤 것도 숨길 수 없습니다. 그 드러나 있는 현상들을 통해서 스스로는 드러나지 않는 진리를 바로 보십시오.

(잠시 묵상)

우리가 형상이 있는 모든 것을 포기할 때, 더이상 육체, 사물, 느낌, 감정, 생각에 속지 않을 때, 비로소 형상이 없는 것, 드러나 있지는 않지만 분명 존재하는 진리와 하나라는 사실을 깨닫게 될 것입니다. 언제나 진리 안에, 진리로서 존재했음을 자각하게 될 것입니다. 이미 구원받았다는 사실의 자각이 바로 그리스도, 메시아의 재림(再臨)입니다. 비록 본래 구원받았다 하더라도, 본래 깨달아 있다 하더라도, 그 사실을 한 번은 직접 깨달아야만 합니다.

그 순간 우리는 이 놀라운 사실, 진리에 감격할 것입니다. 시므온의 찬탄처럼 하나님의 구원을 자기의 눈으로 보게 될 것입니다. 더이상 어떤 것도 구할 필요가 없는 자유, 더이상 어떤 것도 얻을 필요가 없는 평화를 느끼게 될 것입니다. 모든 것이 자기로부터 나와서 자기에게 돌아올 것입니다. 모든 것이 바로 자기이고, 자기가 바로 모든 것입니다. 내가 세상 안에, 세상이 내 안에 있습니다. 더이상 분리가 없는 일치, 그것이 바로 하나님의 구원입니다.

(침묵)

4. 태초에 말씀이 계셨다

한 처음, 천지가 창조되기 전부터 말씀이 계셨다. 말씀은 하나
님과 함께 계셨고 하나님과 똑같은 분이셨다.

말씀은 한 처음 천지가 창조되기 전부터 하나님과 함께 계셨다.
모든 것은 말씀을 통하여 생겨났고 이 말씀 없이 생겨난 것은
하나도 없다. 생겨난 모든 것이 그에게서 생명을 얻었으며 그
생명은 사람들의 빛이었다.

그 빛이 어둠 속에서 비치고 있다. 그러나 어둠이 빛을 이겨 본
적이 없다.

_요한복음, 1:1~5

한 처음, 태초, 천지 창조 이전부터 말씀이 계셨다고 합니다. 그
런데 한 처음, 태초, 천지 창조는 언제 일어났을까요? 바로 지금
한 생각 일으키는 순간이 바로 한 처음, 태초, 천지 창조의 순간이
아닐까요? 지금으로부터 수십억, 수백억, 수천억 년 이전의 과거
시간이 아니라, 바로 지금 그렇게 수십억, 수백억, 수천억 년의 과
거를 생각하는 이 순간, 시간이 생겨나는 것이 아닐까요? 바로 지

금 이 순간 일으키는 한 생각을 벗어나서 객관적이고 독립적인 시
간이라는 것이 가능할까요? 한번 생각해 보십시오.

(잠시 묵상)

모든 것이 바로 지금 이 순간 일으키는 한 생각을 떠나서 있을
수는 없습니다. 즉, 생각이 일어나는 순간이 바로 천지 창조의 순
간입니다. 그렇다면 한 처음, 태초, 천지 창조 이전부터 있었던 말
씀은 한 생각 일어나기 이전을 뜻할 것입니다. 그러나 바로 지금
이렇게 생각하는 것이 이미 천지 창조 이후입니다. 생각은 천지 창
조, 곧 분열, 분리입니다. 생각 이전은 모든 상대적 분별 이전, 곧
절대, 하나님입니다. 말씀이 바로 그 하나님과 함께 계셨고, 그것
이 바로 하나님입니다. 모든 것이 바로 말씀으로부터 생겨났습니
다.

한 처음, 태초, 천지 창조 이전, 한 생각 일어나기 이전에 있었던
말씀, 하나님은 과연 무엇일까요? 불가(佛家)의 선문(禪門)에선 성
전일구(聲前一句), 입 열기 이전에 한마디가 있다고 합니다. 이 일
구(一句), 이 한마디 소식을 깨달아야 합니다. 여기에 대해 어떻게
말을 하더라도 이미 틀렸습니다. 이 말씀, 이 한마디 소식은 사람
의 입을 통해 나오는 말이 아닙니다. 그것은 생명이요, 빛입니다.

바로 지금 여기 이 순간 우리 자신과 모든 것을 살려 내고 있고 비추고 있는 무엇입니다. 그것이 무엇일까요?

한 생각 일으키는 순간, 벌써 어긋났습니다.

창조 이전의 순간, 생각 이전의 순간에 이르기 위해서는 어떤 것도 창조하지, 생각하지 말아야 합니다. 좋은 것, 좋은 생각도 신경 쓰지 말고, 나쁜 것, 나쁜 생각도 신경 쓰지 마십시오. 이렇게도 생각하지 말고, 저렇게도 생각하지 마십시오. 안다는 생각도 하지 말고, 모른다는 생각도 하지 마십시오. 움직이지도 말고, 머무르지도 마십시오. 가지도 말고, 오지도 마십시오. 어떤 것도 취하지 말고, 어떤 것도 버리지 마십시오. 무엇을 하는 것도 아니고, 하지 않는 것도 아닙니다. 그저 이미 존재하고 있는 존재로 존재하십시오.

(잠시 묵상)

이 말 없는 말, 생각 없는 생각, 존재 없는 존재, 생명 없는 생명, 빛 없는 빛을 깨달으십시오. 말하는 것과 말하지 않는 것, 생각하는 것과 생각하지 않는 것, 존재하는 것과 존재하지 않는 것, 생명 있는 것과 생명 없는 것, 빛과 어둠이 결코 둘이 아닙니다. 이것은 제 스스로는 아무것도 아니지만 모든 것으로 드러납니다. 다시 말하면, 드러난 모든 것이 바로 이것 자체입니다. 온 세계가 바로 이 한 말씀, 이 한 생명, 이 하나의 빛입니다. 이 한 말씀이 침묵을, 이 한 생명이 무상(無常)을, 이 하나의 빛이 어둠을 드러내고 있습니다.

침묵 속에 이 말씀이 있습니다. 무상 속에 이 생명이 있습니다. 어둠 속에 이 빛이 있습니다. 《증도가(證道歌)》에 이르기를, "무명(無明)의 참 성품이 곧 부처(깨달음)의 성품"이라 하였습니다. 어둠, 무명은 빛과 반대되는 것이 아닙니다. 빛이 없다면 어둠이 드러날 수 없습니다. 빛은 어둠 속에서 비치고 있습니다. 그 어둠이 빛을 이길 수 없습니다. 바로 지금 이 순간 분별 망상의 어둠을 비추고 있는 순수한 의식, 이 마음의 빛을 자각하십시오. 어떤 대상이 없는 투명한 의식, 생명, 말씀이 바로 나, 하나님임을 깨달으십시오.

모든 창조와 파괴가 바로 이 없는 듯 있는 의식, 이 마음, 이 생명, 이 빛 가운데서 벌어지고 있습니다. 나타났다 사라지는 온갖 분별 망상에 마음을 두지 말고 그것의 배경에 있는 고요함으로 존재하십시오. 모든 것을 두루 감싸 안고 있는 의식, 생명, 빛을 감지해 보십시오. 그것이 바로 나의 참된 존재임을 자각하십시오. 단한 순간도 끊어짐이 없는 의식, 생명, 빛, 어떤 취사선택도 없이 모든 것을 수용하고 있는 의식, 생명, 빛에 순복하십시오. 진리를, 하나님을 판단하려 하지 마십시오. 진리 앞에 순복하십시오.

(침묵)

5. 회개하라

그 무렵에 세례자 요한이 나타나 유다 광야에서 "회개하여라. 하늘나라가 다가왔다!" 하고 선포하였다.

_마태복음, 3:1~2

세례자 요한이 광야에 나타나 "회개하고 세례를 받아라. 그러면 죄를 용서받을 것이다." 하고 선포하였다.

_마가복음, 1:4

바로 그 무렵에 즈가리야의 아들 요한은 광야에서 하나님의 말씀을 들었다. 그러고는 요르단강 부근의 모든 지방을 두루 다니며 "회개하고 세례를 받아라. 그러면 죄를 용서받을 것이다." 하고 선포하였다.

_누가복음, 3:2~3

하나님께서 보내신 사람이 있었는데 그의 이름은 요한이었다. 그는 그 빛을 증언하러 왔다. 모든 사람으로 하여금 자기 증언

을 듣고 믿게 하려고 온 것이다. 그는 빛이 아니라 다만 그 빛을
증언하러 왔을 따름이다.

_요한복음, 1:6~8

회개(悔改)라는 말의 그리스어 원문은 '메타노이아(μετανόια)'입
니다. 메타노이아는 단순히 '잘못을 뉘우치고 고친다'는 의미가 아
닙니다. '의식의 근본적인 변화'가 곧 메타노이아입니다. 그래서 어
떤 이들은 회개라는 말보다 '회심(回心)'이라는 말이 더욱 적절한
번역어라고 합니다. 어쨌든 세례 요한의 외침은 우리 의식의 근본
적인 변화, 회심을 요구하고 있습니다.

그렇다면 그 방향성이 관건일 텐데, 어디에서 어디로의 회심을
요구하고 있는 것일까요? 이어지는 경문에 "그러나 많은 바리사이
파 사람들과 사두가이파 사람들이 세례를 받으러 오는 것을 보고
요한은 이렇게 말하였다." '이' 독사의 족속들아! 닥쳐올 그 징벌을
피하라고 누가 일러 주더냐?' (마태복음, 3:7)라고 말하는 부분이 있
습니다.

'바리새인(Pharisee)'은 히브리어 '페루쉼(perushim)', 그리스어 '파리
사이오이(Pharisaioi)'에서 유래하여 '분리된 자들'이라는 뜻입니다.
'사두개인(Sadducees)'은 주로 제사장과 귀족 계급으로 철저한 '현실

주의자'들이라고 합니다. 한마디로 '바리새인'과 '사두개인'은 온전한 하나임(Oneness, 全一性, 하나님)에서의 분리, 세속과의 타협을 상징합니다.

요한은 진리를 등지고 모든 것이 상대적으로 분리된 세속의 관점으로부터, 애초부터 온전한 하나님(하나임)을 향해 마음을 되돌릴 것을 요구하고 있는 것입니다. 그리고 그러한 회심을 촉구하는 이유는 '천국이 가깝기(for the kingdom of heaven is at hand)' 때문입니다. 하나님의 나라가 손에 닿을 정도로 가까이 있기 때문입니다. 하나님의 나라가 이미 와 있기 때문입니다.

정경(正經)은 아니지만 《도마복음》이라는 외경(外經)에 이런 말씀이 있습니다. "여러분의 지도자들은 여러분에게 '보라, 나라가 하늘에 있다.'고 하는데, 그렇다면 새들이 여러분보다 먼저 거기에 가 있을 것입니다. 그들이 '나라가 바다에 있다.'고 하는데, 그렇다면 물고기들이 여러분보다 먼저 거기에 가 있을 것입니다. 천국은 여러분 안에 있고, 또 여러분 밖에 있습니다."

단도직입적으로 말하자면, 나라는 하나의 나라밖에 없습니다. 지금 이 순간 여기가 전부입니다. 가까운 정도가 아니라 지금 눈앞에 펼쳐진 나라가 하늘나라이고, 이 나라 이외에 다른 나라는 없습니다. 다만 모든 것을 둘로 나누어 보고, 그러한 상대적인 현실에 푹 젖어 있는 우리의 눈에는 하늘나라가 하늘나라로 보이지 않을 뿐입니다.

그래서 요한은 철저히 '회개'할 것을, 간절히 '회심'할 것을 촉구하고 있는 것입니다. 세속적인 것에는 죽고, 영적인 것으로 다시 살아나는 세례(洗禮)를 통해 새롭게 태어나야 하고, 다시 태어나야 합니다. 어떤 것도 마음에 담아 두지 않고, 모든 지견(知見)을 내려놓는 자기 정화(淨化)를 통해서만 참된 회개, 진정한 회심을 할 수 있습니다.

회두청산(回頭靑山)이라는 말이 있습니다. 고개를 돌려 보니 그토록 찾아 헤매던 청산이 있더라는 말입니다. 눈길 한 번, 손짓 하나, 한마디 말씀에 문득 마음을 돌리는 것, 그것이야말로 회심의 신비입니다. 예수의 "나를 따르라."는 한마디에 어부였던 베드로가 그물을 버리고 따라나서는 것, 거기에 불가사의한 성령(聖靈)의 은총이, 영적인 개오(開悟)가 있습니다.

이것을 아름답게 표현한 시가 있습니다.

온종일 봄을 찾아다녀도 봄을 찾지 못하고

짚신이 다 닳도록 산등성이 구름 따라 헤맸네.
돌아와 우연히 매화나무 밑을 지나는데
봄은 이미 매화 가지 위에 온전히 와 있었네.

아, 아멘!

6. 악마의 유혹

그 뒤에 예수께서 성령의 인도로 광야에 나가 악마에게 유혹을
받으셨다. 사십 주야를 단식하시고 나서 몹시 시장하셨을 때에
유혹하는 자가 와서 "당신이 하나님의 아들이거든 이 돌더러 빵
이 되라고 해 보시오." 하고 말하였다.

예수께서는 "성서에 '사람이 빵으로만 사는 것이 아니라 하느님
의 입에서 나오는 모든 말씀으로 살리라.'고 하지 않았느냐?" 하
고 대답하셨다.

그러자 악마는 예수를 거룩한 도시로 데리고 가서 성전 꼭대기
에 세우고 "당신이 하느님의 아들이거든 뛰어내려 보시오. 성서
에, '하나님이 천사들을 시켜 너를 시중들게 하시리니 그들이 손
으로 너를 받들어 너의 발이 돌에 부딪히지 않게 하시리라.' 하
지 않았소?" 하고 말하였다.

예수께서는 "'주님이신 너의 하나님을 떠보지 말라.'는 말씀도
성서에 있다." 하고 대답하셨다.

악마는 다시 아주 높은 산으로 예수를 데리고 가서 세상의 모든
나라와 그 화려한 모습을 보여 주며 "당신이 내 앞에 절하면 이

모든 것을 당신에게 주겠소." 하고 말하였다.

그러자 예수께서는 "사탄아, 물러가라! 성서에 '주님이신 너희 하나님을 경배하고 그분만을 섬겨라.'고 하시지 않았느냐?" 하고 대답하셨다.

마침내 악마는 물러가고 천사들이 와서 예수께 시중들었다.

_마태복음, 4:1~11

그 뒤에 곧 성령이 예수를 광야로 내보내셨다.

예수께서는 사십 일 동안 그곳에 계시면서 사탄에게 유혹을 받으셨다. 그동안 예수께서는 들짐승들과 함께 지내셨는데 천사들이 그분의 시중을 들었다.

_마가복음, 1:12~13

예수께서는 요르단강에서 성령을 가득히 받고 돌아오신 뒤 성령의 인도로 광야에 가셔서 사십 일 동안 악마에게 유혹을 받으셨다. 그동안 아무것도 잡수시지 않아서 사십 일이 지났을 때는 몹시 허기지셨다.

그때에 악마가 예수께 "당신이 하느님의 아들이거든 이 돌더러 빵이 되라고 하여 보시오." 하고 꾀었다.

예수께서는 "'사람이 빵으로만 살 것이 아니라.'고 성서에 기록되어 있다." 하고 대답하셨다.

그러자 악마는 예수를 높은 곳으로 데리고 가서 잠깐 사이에 세상의 모든 왕국을 보여 주며 다시 말하였다. "저 모든 권세와 영광을 당신에게 주겠소. 저것은 내가 받은 것이니 누구에게나 내가 주고 싶은 사람에게 줄 수 있소. 만일 당신이 내 앞에 엎드려 절만 하면 모두가 당신의 것이 될 것이오."

예수께서는 악마에게 "'주님이신 너의 하나님을 예배하고 그분만을 섬겨라.'고 성서에 기록되어 있다." 하고 대답하셨다.

다시 악마는 예수를 예루살렘으로 데리고 가서 성전 꼭대기에 세우고 "당신이 하나님의 아들이거든 여기에서 뛰어내려 보시오. 성서에 '하나님이 당신의 천사들을 시켜 너를 지켜 주시리라.' 하였고 또 '너의 발이 돌에 부딪히지 않게 손으로 너를 받들게 하시리라.'고 기록되어 있지 않소?" 하고 말하였다.

예수께서는 "'주님이신 너희 하나님을 떠보지 말라.'는 말씀이 성서에 있다." 하고 대답하셨다.

악마는 이렇게 여러 가지로 유혹해 본 끝에 다음 기회를 노리면서 예수를 떠나갔다.

_누가복음, 4:1~13

여러 복음서에서 예수가 그의 공생애(公生涯)를 시작하기 이전 광야에서 악마의 유혹을 받았다고 기록하고 있습니다. 불경(佛經)에도 마왕인 파순(波旬)이 보리수 아래에 앉은 고타마 싯다르타를 찾아와 그의 깨달음을 방해하는 장면이 나옵니다. 예수와 석가를 찾아와 유혹한 악마는 진리의 길을 가려는 사람들이 종종 맞닥뜨

려야 하는 심리적 갈등, 번뇌를 상징합니다.

평소에는 그 존재를 잘 모르고 지내다가 개인적인 위기의 순간
우리 내면에서 들려오는 자아의 목소리가 있습니다. 자칫 그것이
자기 자신의 목소리라고 착각할 수 있지만, 그것이 바로 악마, 타
인의 목소리입니다. 복음서에서 예수를 유혹하는 악마는 예수가
잘 알고 있는 성서의 내용을 인용하며 예수를 유혹하고 있다는 사
실을 명심해야 합니다.

마치 자기 목소리인 것처럼 들리기 때문에 많은 사람은 그 유혹
에 넘어갈 수밖에 없습니다. 진정한 자기 자신은 그 목소리가 일어
났다가 사라지는 공간, 그 목소리를 듣고 있는 무언의 존재라는 사
실을 잘 알아차리지 못합니다. 언제부턴가 우리 내면에서 출몰하
는 자아의 목소리, 속삭이는 자, 유혹하는 자의 정체를 분명히 깨
달아야 합니다.

악마의 유혹을 받을 때, 예수는 광야에서 40일간 단식하고 있
었다고 합니다. 악마의 유혹을 받는 공간적 배경으로서의 광야는
무엇을 의미할까요? 가도 가도 끝없이 아득한 곳, 텅 비고 고요한
곳, 인적이 끊어진 황량한 사막의 이미지가 떠오릅니다. 우리의 자
아가 어디에도 몸을 피하고 의지할 데가 없는 곳, 먹고 마실 것이

없는 곳이 바로 광야입니다.

　진리는 우리의 세속적 자아의 입장에서 보면 아무런 매력이 없습니다. 정말 광야, 황무지, 사막과 같습니다. 인간적 욕망의 대상이 될 만한 것이 아무것도 없습니다. 그래서 깨달음의 초창기, 영적 변성(變性) 과정의 초기에 많은 구도자가 유혹에 빠집니다. 아직 해소되지 않은, 정체가 폭로되지 않은 자아의 목소리가 내면 한 구석에서 속삭입니다.

　예수가 악마에게서 받은 첫 번째 유혹은 돌을 빵으로 만들어 보라는 것이었습니다. 흔히 먹고 사는 문제, 물질적 탐욕의 문제입니다. 애타게 '도(道)'를 구하던 수많은 청정한 구도자들이 결국 '돈'의 노예로 전락하는 것을 이미 우리는 많이 보아 왔습니다. 모든 형상이 덧없다는 사실을 깨달은 사람이라 할지라도 언제든 다시 형상에 사로잡히고 구속될 수 있다는 사실을 잊지 말아야 합니다.

　두 번째 유혹은 복음서마다 조금 차이가 있지만, 높은 곳에서 뛰어내려 보라는 것이었습니다. 특별한 초능력, 신통에 대한 유혹입니다. 초월적인 능력을 추구한다는 것 자체가 스스로 인간적 한계에 갇혀 있다는 반증입니다. 아무리 물 위를 걷고, 죽은 사람을 살리는 능력을 가졌다 할지라도 그 목적이 그러한 능력을 가진 자의 이익과 명예를 위한 것이라면 그것은 올바른 진리가 아닙니다.

끝으로 세 번째 유혹은 세속적 권세, 권력에 대한 욕망입니다. 영적인 통찰을 얻은 사람이 그 통찰을 나누려고 할 때 부득이하게 대중들이 모이면서 영적인 공동체가 형성됩니다. 그런데 집단이라는 것이 커지면 커질수록 생명을 지닌 생물체와 같이 자기 나름의 생리를 가지게 됩니다. 그러다 보면 눈에 보이지 않는 진리보다는 눈에 보이는 스승과 제자 사이의 꼭두각시놀음이 더 중요한 것처럼 보이게 됩니다.

불가사리와 같은 자아의 욕망에 먹을 것을 주어서는 안 됩니다. 《금강경》에 보살은 아상(我相), 인상(人相), 중생상(衆生相), 수자상(壽者相)이 없어야 한다고 하였습니다. 한마디로 진리의 길을 가는 사람은 인간적 자아상을 극복해야만 합니다. 자기가 육체 안에 갇혀 있는 고독한 영혼이 아니라는 사실을 깨달아야만 합니다. 우리 모두는 바로 지금 여기에 있음 자체입니다.

모든 형상으로 드러난, 형상 없는 것이 우리 존재의 본래 모습입니다. 모든 생명 없는 것을 살려 내고 있는 영원한 생명이 우리 존재의 본래 모습입니다. 모든 것이 내 안에 있고, 나는 모든 것 안에 있습니다. 아니, 모든 것이 바로 나이고, 내가 바로 모든 것입니다.

모든 것이 바로 하나님이고, 하나님이 바로 모든 것입니다. 이것이
하나님의 사랑, 하나님의 평화입니다.

아멘.

7. 마음이 가난한 사람

"마음이 가난한 사람은 행복하다. 하늘나라가 그들의 것이다.

슬퍼하는 사람은 행복하다. 그들은 위로를 받을 것이다.

온유한 사람은 행복하다. 그들은 땅을 차지할 것이다.

옳은 일에 주리고 목마른 사람은 행복하다. 그들은 만족할 것이다.

자비를 베푸는 사람은 행복하다. 그들은 자비를 입을 것이다.

마음이 깨끗한 사람은 행복하다. 그들은 하나님을 뵙게 될 것이다.

평화를 위하여 일하는 사람은 행복하다. 그들은 하나님의 아들이 될 것이다.

옳은 일을 하다가 박해를 받는 사람은 행복하다. 하늘나라가 그들의 것이다.

나 때문에 모욕을 당하고 박해를 받으며 터무니없는 말로 갖은 비난을 다 받게 되면 너희는 행복하다.

기뻐하고 즐거워하여라. 너희가 받을 큰 상이 하늘에 마련되어 있다. 옛 예언자들도 너희에 앞서 같은 박해를 받았다."

_마태복음, 5:3~12

그때에 예수께서 제자들을 바라보시며 말씀하셨다. "가난한 사람들아, 너희는 행복하다. 하나님 나라가 너희의 것이다.

지금 굶주린 사람들아, 너희는 행복하다. 너희가 배부르게 될 것이다. 지금 우는 사람들아, 너희는 행복하다. 너희가 웃게 될 것이다.

사람의 아들 때문에 사람들에게 미움을 사고 내어 쫓기고 욕을 먹고 누명을 쓰면 너희는 행복하다.

그럴 때에 너희는 기뻐하고 즐거워하라. 하늘에서 너희가 받을 상이 클 것이다. 그들의 조상들도 예언자들을 그렇게 대하였다. 그러나 부요한 사람들아, 너희는 불행하다. 너희는 이미 받을 위로를 다 받았다.

지금 배불리 먹고 지내는 사람들아, 너희는 불행하다. 너희가 굶주릴 날이 올 것이다. 지금 웃고 지내는 사람들아, 너희는 불행하다. 너희가 슬퍼하며 울 날이 올 것이다.

모든 사람에게 칭찬을 받는 사람들아, 너희는 불행하다. 그들의 조상들도 거짓 예언자들을 그렇게 대하였다."

_누가복음, 6:20~26

수도자가 갖추어야 할 덕목으로 첫손에 꼽히는 것 가운데 하나가 바로 청빈(淸貧), 맑은 가난, 물질적 소유욕에서 벗어난 자발적 가난입니다. 불교에서도 흔히 무소유(無所有)를 말하기도 하지만, 그것은 단순한 물질적 소유의 유무에 초점이 맞춰져서는 안 될 것입니다. 겉으로 드러난 현상 세계의 허망함, 무상함을 꿰뚫어 보지 못하는 한, 물질적 소유욕으로부터의 진정한 해방, 자유를 얻을 수는 없기 때문입니다.

그러한 까닭에 진정한 청빈, 참된 무소유는 모든 물질적, 정신적 대상의 본질이 텅 비었음에 대한 통찰에서 비롯됩니다. 소유할 사람도, 소유할 대상도, 소유한다는 사실이 모두 헛되고 헛되고 헛된 것임을 사무쳐야만 복음서에서 예수가 말하는 참으로 '마음이 가난한 사람'이라 할 수 있을 것입니다. 본질적으로는 허무이지만 현상적으로는 있는 것처럼 보이는 것에 대한 욕망이 사라진 것이 참으로 '가난한 사람'입니다.

세상 사람들은 무지와 어리석음으로 헛된 욕망의 노예로 살아갑니다. 욕망의 주체인 자신과 그가 욕망하는 대상이 모두 꿈과 같이 허망한 것이라는 진실을 보지 못합니다. 모든 것이 결국 먼지에서 먼지로 사라질 것에 불과하단 사실을 돌아보지 못합니다. 실체가 없는 신기루와 같은 감각에 의지한 채 주관과 객관이 영원불변한 객관적 실체인 양 착각하고 있습니다. 《금강경》에 이르기를, "모든 모양이 모양이 아닌 줄 보아야만 여래를 본다." 하였습니다.

감각적 현상들의 허망함을 깨달아 모든 욕망을 놓아 버린 사람이 '마음이 가난한 사람'입니다. 그 사실을 깨닫지 못한 이들에 대한 연민으로 '슬퍼하는 사람', 그가 '온유한 사람'이며, '옳은 일에 주리고 목마른 사람'이며, '자비를 베푸는 사람'이며, '마음이 깨끗한 사람'이며, '평화를 위하여 일하는 사람'이며, '옳은 일을 하다가 박해를 받는 사람'입니다. 진리를 추구한다는 이유로 모욕당하고, 미움을 사고, 욕을 먹고, 비난을 받는 사람입니다.

하늘나라, 영원한 만족, 영원한 자유와 평화는 그들의 것, 아니 그들 자신입니다. 바깥에서 구하여 얻는 것이 아니라 이미 있는 것에 만족할 줄 아는 사람, 그들이 하나님의 아들입니다. 하늘나라는 어떤 것을 얻는 것을 통해서가 아니라 세속적인 것을 포기하는 데에서 이루어집니다. 지금 감각적 대상들로 부유하고, 만족하고, 웃고 지내고, 칭찬받는 사람들은 그것들이 허망하게 무너지기 전까지는 결코 이 진실을 알 수 없습니다.

우리가 세상에 올 때 얻은 것들은 우리가 세상을 떠날 때 모두 우리 곁을 떠날 것입니다. 결코 얻지 않은 것만이 우리를 떠나지 않을 것입니다. 결코 생겨나지 않은 것만이 사라지지 않을 것입니다. 그것이야말로 진정한 우리의 영(靈), 영원한 생명, 하나님이 당신의 형상대로 지어 낸 우리의 본래면목입니다. 하나님과 하나님의 아들, 성령은 하나입니다. 《화엄경》에서도 "마음과 부처와 중생, 이 셋은 차별이 없다." 하였습니다.

바로 지금 이 순간 마음을 비우십시오. 어떤 느낌, 어떤 감정, 어떤 생각도 집착하지 마십시오. 바로 그때, 아무 대상이 없는 의식, 텅 비어 고요하지만 또렷이 깨어 있는 마음, 공(空), 없이 계신 하나님, 영원한 생명을 자각할 수 있을 것입니다. 언제나 바로 지금 이 순간, 모든 부분을 감싸 안고 있는 전체성(Wholeness), 신성함(Holiness)이 자신을 현시할 것입니다. 살아 있는 침묵의 말씀을 듣게 될 것입니다.

(잠시 묵상)

8. 빛과 소금

"너희는 세상의 소금이다. 만일 소금이 짠맛을 잃으면 무엇으로 다시 짜게 만들겠느냐? 그런 소금은 아무 데도 쓸 데 없어 밖에 내버려 사람들에게 짓밟힐 따름이다.

너희는 세상의 빛이다. 산 위에 있는 마을은 드러나게 마련이다. 등불을 켜서 됫박으로 덮어 두는 사람은 없다. 누구나 등경 위에 얹어 둔다. 그래야 집 안에 있는 사람들을 다 밝게 비출 수 있지 않겠느냐?

너희도 이와 같이 너희의 빛을 사람들 앞에 비추어 그들이 너희의 착한 행실을 보고 하늘에 계신 아버지를 찬양하게 하여라."
_마태복음, 5:13~16

예수께서는 또 이렇게 말씀하셨다. "등불을 가져다가 됫박 아래나 침상 밑에 두는 사람이 어디 있겠느냐? 누구나 등경 위에 얹어 놓지 않느냐? 감추어 둔 것은 드러나게 마련이고 비밀은 알려지게 마련이다. 들을 귀가 있는 사람은 알아들어라."
또 말씀하셨다. "내 말을 마음에 새겨들어라. 너희가 남에게 달아 주면 달아 주는 만큼 받을 뿐만 아니라 덤까지 얹어 받을 것이다. 누구든지 가진 사람은 더 받을 것이며 가지지 못한 사람은 그 가진 것마저 빼앗길 것이다."

_마가복음, 4:21~25

"소금은 좋은 것이다. 그러나 소금이 짠맛을 잃으면 무엇으로 다시 그 소금을 짜게 하겠느냐? 너희는 마음에 소금을 간직하고 서로 화목하게 지내라."

_마가복음, 9:50

"등불을 켜서 그릇으로 덮어 두거나 침상 밑에 두는 사람이 어디 있겠느냐? 누구나 등경 위에 얹어 놓아 방에 들어오는 사람들이 그 빛을 볼 수 있게 할 것이다.
감추어 둔 것은 나타나게 마련이고 비밀은 알려져서 세상에 드러나게 마련이다.
내 말을 명심하여 들어라. 가진 사람은 더 받을 것이고 가지지 못한 사람은 가진 줄 알고 있는 것마저 빼앗길 것이다."

_누가복음, 8:16~18

소금의 소금됨은 그 짠맛에 있습니다. 소금이 그 짠맛을 잃는다면 소금은 자신의 정체성, 소금됨을 잃어버리는 셈입니다. 마찬가지로 우리 자신의 참된 정체성은 '내가 나임(I am that I am)'에 있습니다. 내가 나임, 나됨을 잃는 순간 우리는 자기 자신을 잃어버리고 나 아닌 것을 나로 삼는 어리석음에 떨어지게 될 것입니다.

참된 나의 정체성, 나의 나임, 나됨은 나-아님, 나-없음입니다. 나-아님, 나-없음이 진정한 나임, 나됨입니다. 소금에서 짠 맛을 분리할 수 없는 것과 같이 나로부터 나임, 나됨을 분리할 수 없습니다. 다시 말해 진정한 나, 나임, 나됨은 이제까지 '나'라고 여겨 왔던 것이 나가 아님, 나라고 할 만한 것 없음입니다. 이 역설을 잘 살펴보십시오.

(잠시 묵상)

에덴동산에서 아담과 이브가 따 먹은 선악과(善惡果)의 다른 이름은 곧 지식의 나무(the tree of knowledge)입니다. 지식은 곧 분별이고 근본적 지식, 분별은 바로 우리가 다른 개체적인 '나'들과 구별되는 또 다른 육체적, 정신적 개체라는 생각입니다. 즉 '내가 다른 것들과 별개로 있다'고 느끼고 생각합니다. 이것이 원죄(原罪), 근본 무명입니다.

내가 따로 있게 되는 순간, 우리는 나 아닌 것들과의 대립, 차별, 갈등, 불화, 전쟁을 피할 길이 없습니다. 그것이 바로 낙원 추방,

실낙원의 신화입니다. 그러나 그것은 우리의 어리석음, 무지 탓입니다. 진정한 '나'라고 하는 것은 '나'라고 할 만한 대상이 아닙니다. 소금에서 짠맛이 분리될 수 없듯이, '나'로부터 '나임', '나됨'이 떨어질 수 없습니다.

무슨 말인가 하면, '나'가 알고 있는 '나'는 진정한 '나'가 아니라는 말입니다. 무엇보다 '나'가 '나'를 안다는 말부터가 어불성설입니다. '나'는 결코 둘이 아닙니다. 주관과 객관으로 나뉠 수 있는 것이 아닙니다. 진정한 '나'는 '나'라고 할 것이 없음, '나'가 아님입니다. 그러므로 우리 모두는 동일한 '나', 똑같은 '나임'입니다. 우리는 본래 하나임(Oneness)입니다.

알지 못하고 알 수 없지만, 존재하고 있는 것이 바로 '나'입니다. '무엇'이라 할 것이 없고 '무엇'이 아니지만, 분명 존재는 하고 있는 것입니다. 존재는 하고 있지만, '어떤' 존재는 아닙니다. 그저 존재하고 있음(being)입니다. 존재는 앎의 대상이 아닙니다. 존재가 그대로 앎 자체입니다. 그대로 생명 자체입니다. '나'는 존재-앎-생명입니다.

(잠시 묵상)

동시에 '나'는 빛입니다. 제 자신뿐만 아니라 다른 모든 것을 두루 밝히고 있는 빛입니다. 드러나 있기에 마치 감추어져 있는 것 같고, 감추어져 있는 것 같지만 이미 훤히 드러나 있는 것입니다. 다만 겉으로 드러난 현상의 모습에 눈이 멀어 자기로부터 방사되는 빛을 보지 못할 뿐입니다. 그러나 감추어진 것은 드러나게 마련이고, 비밀은 알려지게 마련입니다.

　볼 눈이 있는 사람은 보고, 들을 귀가 있는 사람은 들으십시오!

　우리 내면과 외면의 어떤 것도 우리 자신의 빛에서 비롯되지 않은 것은 하나도 없습니다. 바로 지금 이 순간 자기 자신과 별개로 떨어져 있는 사물을 하나만이라도 지적할 수 있다면 제 목숨을 드릴 수 있습니다. '이것이 나와 별개로 떨어져 있다'고 지적하는 순간, 그것과 나는 연결되어 있는 것입니다. 나와 모든 대상은 본래 하나임입니다.

　오직 분리 없는 하나의 빛이 모든 것으로 드러나 있을 뿐입니다. 하나인 빛의 존재를 다시 비춰 줄 다른 빛은 없습니다. 둘이 아니지만 하나조차 아닌 이 빛, 이 나, 이 존재, 이 앎, 이 생명, 이 영(靈), 이것을 이미 가진 사람은 더 받을 것이지만, 이것을 가지지 못한 사람은 그 가진 것마저 빼앗길 것입니다. 이것이 무슨 뜻일까요?

(잠시 묵상)

선의 공안(公案) 가운데 "너에게 주장자가 있으면 주장자를 줄 것이고, 너에게 주장자가 없다면 주장자를 빼앗겠다."라는 공안이 있습니다. 주려야 줄 수 없고, 빼앗으려야 빼앗을 수 없는 것이 분명하다면, 있는 사람에게는 주고, 없는 사람에게는 빼앗는다는 말의 낙처(落處), 귀결점을 알 것입니다. '나'가 있다면 '나'가 없는 것이고, '나'가 없다면 '나'가 있는 것입니다.

감추어 둔 것은 나타나게 마련이고, 비밀은 알려져서 세상에 드러나게 마련입니다.

(잠시 침묵)

그러나 이미 드러난 것을 어찌 다시 감출 수 있겠습니까?

9. 거듭남

바리사이파 사람들 가운데 니고데모라는 사람이 있었다. 그는 유다인들의 지도자 중 한 사람이었는데 어느 날 밤에 예수를 찾아와서 "선생님, 우리는 선생님을 하나님께서 보내신 분으로 알고 있습니다. 하나님께서 함께 계시지 않고서야 누가 선생님처럼 그런 기적들을 행할 수 있겠습니까?" 하고 말하였다.

그러자 예수께서는 "정말 잘 들어 두어라. 누구든지 새로 나지 아니하면 아무도 하나님의 나라를 볼 수 없다." 하고 말씀하셨다.

니고데모는 "다 자란 사람이 어떻게 다시 태어날 수 있겠습니까? 다시 어머니 뱃속에 들어갔다가 나올 수야 없지 않습니까?" 하고 물었다.

"정말 잘 들어 두어라. 물과 성령으로 새로 나지 않으면 아무도 하나님 나라에 들어갈 수 없다. 육에서 나온 것은 육이며 영에서 나온 것은 영이다. 새로 나야 된다는 내 말을 이상하게 생각하지 말라. 바람은 제가 불고 싶은 대로 분다. 너는 그 소리를 듣고도 어디서 불어와서 어디로 가는지를 모른다. 성령으로 난 사람은 누구든지 이와 마찬가지다.”

_요한복음, 3:1~8

선의 언구(言句) 가운데 대사각활(大死却活), 곧 “크게 죽어야 도리어 산다.”는 말이 있습니다.

자기 자신을 육체와 느낌, 감정, 생각이라 동일시해 왔던 뿌리 깊은 고정관념, 착각, 어리석음으로부터 자신의 의도와는 상관없이 벗어나게 되는 체험을 일컬어 크게 죽는 것이라 합니다. 크게 죽으면, 다시 말해 이제까지의 잘못된 자아 동일시, 자아 정체성에서 벗어나게 되면, 이전까지는 경험하지 못했던 자유로움, 홀가분함을 경험하게 됩니다.

하지만 거기에만 머물러 있어서는 안 됩니다. 반드시 다시 살아나는 경험, 편안하고 홀가분한 것 역시 또 다른 경계에 묶여 있는 것에 불과하다는 자각을 통해 그것에서도 다시 깨어나야만 합니다. 고요하고 편안한 경계에 집착하는 마음이 남아 있다면, 여전히 번뇌와 구속이 실다운 것이라는 망상에서 완전하게 벗어난 것이 아니기 때문입니다.

깨달음이란 스스로 깨닫지 못했다고 여기는 어리석은 사람들을 위해 세운 또 다른 방편의 문입니다. 몸소 깨달음을 체험하고 나서는 반드시 그 깨달음이라는 모양, 경계에서 다시 깨어나야 합니다. 깨달음이라는 것이 남아 있다면 깨닫지 못함이라는 또 다른 극단 역시 여전히 남아 있기 때문입니다. 깨달음과 깨닫지 못함, 그 양변을 모두 버려야 합니다.

예수를 찾아온 바리새인 니고데모라는 사람은 선의 입장에서 보자면, 형식적인 수행주의자, 겉으로 드러난 계율에 구속된 자, 수행과 깨달음을 둘로 나누어 보는 분별에 떨어진 자라 할 수 있습니다. 그런 그가 사람들의 눈을 피해 밤중에 예수를 찾아온 것은 그의 가르침에서 하나님의 존재, 하나님 나라의 존재에 대해 뭔가를 감지했기 때문일 것입니다.

그런 니고데모에게 예수는 새로 태어남, 다시 태어남, 거듭 태어남에 관해 이야기해 주고 있습니다. 다시 새롭게 태어나지 않으면 결코 하나님의 나라를 볼 수 없다고 말입니다. 대다수 사람처럼 니고데모 또한 예수의 이 말씀을 제대로 이해하지 못합니다. 자기 자신을 다른 사람들과 구별되는 육체와 정신을 가진 개별적 존재로 알고 있는 한, 거듭날 수는 없습니다.

진정한 자기 자신은 이 육신이 아님을, 느낌이나 감정, 생각, 기억의 혼합물이 아님을 사무치게 깨달아야만 잘못된 동일시에서 벗어납니다. 한계가 있는 자아란 한낱 허구에 불과하다는 통찰이 바로 자아의 소멸, 무아(無我)의 증득입니다. 참된 나 자신이란 이제껏 나라고 여긴 이 몸과 마음이 아니라는 깨달음, 그러한 나와 같은 개별적 존재는 없다는 깨어남을 통해 회복됩니다.

없는 것처럼 있는 나, 하나님을 회복하기 위해서는 물과 성령의 세례가 필요합니다. 기존의 잘못된 편견, 선입견, 고정관념을 물뿌린 듯 깨끗이 덜어 낼 말씀, 가르침과 가장 직접적인 성령 체험, 깨달음 체험이 필요합니다. 뜨거운 불꽃이 맨살에 닿듯 어떤 이해, 분별, 판단 없는 즉각적인 체험, 의심할 수 없는 체득이 있어야만 합니다.

그래야만 자기를 믿을 수 있습니다. 그래야만 하나님을 볼 수 있습니다. 그래야만 하나님 나라에 들어갈 수 있습니다. 그래야만 하나님을 믿을 수 있습니다. 육(肉)에서는 육만이 나옵니다. 분별에서는 분별만이, 회의(懷疑) 가운데서는 회의만이 나옵니다. 오직 영(靈)에서만 영이, 생각 아닌 것에서만 생각 아닌 것, 허망하지 않은 것, 영원한 것이 나옵니다.

고요히 있으라, 그리고 내가 바로 하나님임을 알라.

(침묵)

바람은 보이지는 않지만, 잡히지는 않지만, 분명 존재합니다. 바람은 불고 싶은 대로 불고, 가고 싶은 대로 갑니다. 우리는 그 소리를 들을 수는 있지만, 그것이 어디에서 불어와서 어디로 사라지는지 알지 못합니다. 성령으로 거듭난 사람 또한 그렇습니다. 그에게는 탄생도 없지만, 죽음도 없습니다. 그는 분명 존재하지만 없고, 없지만 분명 존재합니다.

스스로 크게 한 번 죽었다가 다시 살아나야만 비로소 이 일을 긍정할 수 있을 것입니다.

(잠시 묵상)

10. 씨 뿌리는 사람의 비유

그 날 예수께서 집에서 나와 호숫가에 앉으셨더니 사람들이 또 많이 모여들었다. 그래서 예수께서는 배에 올라앉으시고 군중은 그대로 모두 호숫가에 서 있었다. 예수께서 그들에게 여러 가지를 비유로 말씀해 주셨다.

"씨 뿌리는 사람이 씨를 뿌리러 나갔다. 씨를 뿌리는데 어떤 것은 길바닥에 떨어져 새들이 와서 쪼아 먹었다. 어떤 것은 흙이 많지 않은 돌밭에 떨어졌다. 싹은 곧 나왔지만 흙이 깊지 않아서 해가 뜨자 타 버려 뿌리도 붙이지 못한 채 말랐다. 또 어떤 것은 가시덤불 속에 떨어졌다. 가시나무들이 자라자 숨이 막혔다. 그러나 어떤 것은 좋은 땅에 떨어져서 맺은 열매가 백 배가 된 것도 있고 육십 배가 된 것도 있고 삼십 배가 된 것도 있었다. 들을 귀가 있는 사람은 알아들어라."

제자들이 예수께 가까이 와서 "저 사람들에게는 왜 비유로 말씀하십니까?" 하고 묻자 예수께서 이렇게 대답하셨다.

"너희는 하늘나라의 신비를 알 수 있는 특권을 받았지만 다른 사람들은 받지 못하였다. 가진 사람은 더 받아 넉넉하게 되겠지만 못 가진 사람은 그 가진 것마저 빼앗길 것이다. 내가 그들에게 비유로 말하는 이유는 그들이 보아도 보지 못하고 들어도 듣지 못하고 깨닫지도 못하기 때문이다.

이사야가 일찍이, '너희는 듣고 또 들어도 알아듣지 못하고, 보고 또 보아도 알아보지 못하리라. 이 백성이 마음의 문을 닫고 귀를 막고 눈을 감은 탓이니, 그렇지만 않다면 그들이 눈으로 보고 귀로 듣고 마음으로 깨달아 돌아서서 마침내 나한테 온전하게 고침을 받으리라.'고 말하지 않았더냐?

그러나 너희의 눈은 볼 수 있으니 행복하고, 귀는 들을 수 있으니 행복하다. 나는 분명히 말한다. 많은 예언자들과 의인들이 너희가 지금 보는 것을 보려고 했으나 보지 못하였고 너희가 지금 듣는 것을 들으려고 했으나 듣지 못하였다."

_마태복음, 13:1~17

《육조단경》에 보면 대승(大乘)의 근기(根機)를 가진 사람은 단박 깨닫는 가르침(頓敎)을 듣자마자 마음이 열려 깨치고 이해하지만, 작은 근기의 사람은 그러한 가르침을 들어도 마음에 믿음이 일어나지 않는다고 하였습니다. 《도덕경》에서도, 뛰어난 사람은 도를 들으면 부지런히 행하고, 보통의 사람은 반신반의하며, 하열한 사람은 비웃는다는 말이 있습니다. 진리에는 차등이 없는 법이지만 사람에게는 빠름과 늦음, 깊음과 얕음의 차별이 없지 않습니다.

예수의 씨 뿌리는 사람의 비유도 마찬가지입니다. 씨 곧 진리는 아무 차별이 없습니다. 그러나 그 씨가 뿌려지는 땅, 바탕, 근기에 따라 그 씨가 자라서 열매를 맺기까지는 하늘과 땅만큼의 차이가 있게 마련입니다. 들을 귀가 없는 사람에게는 세상에 비할 바 없는 진리의 가르침도 그저 소귀에 경 읽기에 불과할 뿐입니다. 빈 그릇이나 잔처럼 텅 비어 있으면 가득 채워질 수 있지만, 쓸데없는 견해와 지식으로 가득 차 있다면 채우기 이전에 먼저 비워야만 합니다.

영리한 말은 채찍 그림자만 보고도 달리지만, 미련한 말은 살이 찢어지고 뼈가 부러지게 채찍을 맞아도 달리지 않습니다. 어리석은 사람에게 비유로 말하는 까닭은, 그들은 쉬운 것을 오히려 어렵게 보고, 어려운 것을 도리어 쉽게 여기기 때문입니다. 보고 있으면서도 보지 못하고, 듣고 있으면서도 듣지 못하는 사람에게 어떻게 이 일을 설명할 수 있겠습니까? 그런 까닭에 진리는 비유와 역설을 통해서만 이야기되었습니다.

이것은 마치 허공과 같습니다. 있지만 없고, 없지만 분명 있습니다. 이것이야말로 진정한 자기 자신이라 할 수 있습니다. 이미 나 자신이기 때문에 다시 나 자신이 되는 일은 없습니다. 다만 나 아닌 것을 나로 알던 어리석음만 사라질 뿐입니다. 모르면 알 수 있지만, 알려 하면 결코 모릅니다. 구하지 않으면 얻게 되지만, 구하려 할수록 도리어 얻을 수 없습니다. 다가가려 할수록 멀어지고, 멈추는 순간 도달하게 됩니다. 바로 지금 여기, 이것입니다.

(잠시 묵상)

어째서 보통 사람들은 이것을 보아도 보지 못하고, 들어도 듣지 못하고 깨닫지 못하는 것일까요? 예수는 이사야의 말을 인용하여 '이 백성이 마음의 문을 닫고 귀를 막고 눈을 감은 탓'이라고 했습니다. 사람들은 보고 있으면서도 보이는 모양에 속아서는 보고 있다는 그 사실을 간과하고, 듣고 있으면서도 들리는 소리에 속아서는 듣고 있다는 그 사실을 간과하고 있습니다. 단순히 보고 있다는 이 사실, 듣고 있다는 이 사실의 의미를 깨달아야 합니다.

수많은 구도자들, 수행자들이 눈으로 이렇게 보고 있고, 귀로 이렇게 듣고 있다는 이 사실, 이 진실, 이 신비를 깨닫지 못하고는 어리석게도 이것을 버려두고 지금 여기 자신에게 없는 것을 구하려 헤매고 있습니다. 진리는, 하나님은 언제나 우리와 함께 계십니다. 단 한 순간이라도 우리와 떨어질 수 있는 것이라면 진리라, 하나님이라 할 수 없습니다. 바로 지금 여기 이렇게 있음, 그것의 이름을 나라 하든, 하나님이라 하든, 존재라 하든 상관없습니다.

바로 지금 이 순간 나의 눈을 통해 보고 있는 것이 하나님입니다. 사람마다 눈동자의 모양, 크기, 시력은 다르겠지만 그 고깃덩이에 생명을 불어넣어 본다는 기적을 일으키는 능력은 동일한 하나입니다. 바로 지금 이 순간 나의 귀를 통해 듣고 있는 것이 하나님입니다. 사람마다 귀의 모양, 크기, 청력은 다를지라도 그것을 통해 소리를 듣는다는 기적을 일으키는 힘은 평등한 하나입니다. 바로 지금 이 순간 이렇게 보고 이렇게 듣고 있습니다.

내가 나를, 하나님이 하나님을 보고 듣고 있습니다. 아무리 보아도 본 바가 없고, 아무리 들어도 들은 바가 없습니다. 부분의 합이 전체가 아닙니다. 부분 하나하나가 그대로 전체입니다. 전체는 따로 전체의 모양이 없습니다. 한계를 가진 부분이 그대로 한계가 없는 전체입니다. 하나가 모든 것이고, 모든 것이 바로 하나입니다. 한 순간이 영원이고, 영원이 바로 지금 한 순간입니다. 늘어나지도 않고 줄어들지도 않습니다. 언제나 있는 이대로입니다.

바로 지금 여기, 이와 같이 있습니다.

(침묵)

11. 여기에 물이 있다

예수께서 사마리아 지방의 시카르라는 동네에 이르셨다. 이 동네는 옛날에 야곱이 아들 요셉에게 준 땅에서 가까운 곳인데 거기에는 야곱의 우물이 있었다. 먼 길에 지치신 예수께서는 그우물가에 가 앉으셨다. 때는 이미 정오에 가까워 있었다.

마침 그때에 한 사마리아 여자가 물을 길러 나왔다. 예수께서 그를 보시고 물을 좀 달라고 청하셨다. 제자들은 먹을 것을 사러 시내에 들어가고 없었다. 사마리아 여자는 예수께 "당신은 유다인이고 저는 사마리아 여자인데 어떻게 저더러 물을 달라고 하십니까?" 하고 말하였다. 유다인들과 사마리아인들은 서로 상종하는 일이 없었던 것이다.

예수께서는 그 여자에게 "하나님께서 주시는 선물이 무엇인지, 또 너에게 물을 청하는 내가 누구인지 알았더라면 오히려 네가 나에게 청했을 것이다. 그러면 내가 너에게 샘솟는 물을 주었을 것이다." 하고 대답하시자 그 여자는 "선생님, 우물이 이렇게 깊은데다 선생님께서는 두레박도 없으시면서 어디서 그 샘솟는 물을 떠다 주시겠다는 말씀입니까? 이 우물물은 우리 조상 야

곱이 마셨고 그 자손들과 가축까지도 마셨습니다. 선생님께서는 이러한 우물을 우리에게 주신 야곱보다 더 훌륭하시다는 말씀입니까?" 하고 물었다.

예수께서는 "이 우물물을 마시는 사람은 다시 목마르겠지만 내가 주는 물을 마시는 사람은 영원히 목마르지 않을 것이다. 내가 주는 물은 그 사람 속에서 샘물처럼 솟아올라 영원히 살게 할 것이다." 하셨다.

_요한복음, 4:5~14

물속의 물고기가 물을 찾는다는 말이 있습니다. 바로 지금 진리가, 하나님이 어딘가 다른 곳에 있을 것이라 믿고 찾는 사람들이 바로 그런 물고기들입니다. 물속의 물고기가 목말라한다는 글이 있습니다. 바로 지금 자신은 진리를, 하나님을 모른다고 말하는 사람들이 바로 그런 물고기들입니다.

바로 지금 여기 물이 있습니다. 바로 지금 여기 진리가 있습니다. 바로 지금 여기 하나님이 있습니다. 무엇보다도 바로 지금 여기 내가 있습니다.

물고기의 세계에서, 물고기 자기 자신을 포함한 전체 세계가 그저 물 하나이듯, 바로 지금 우리의 세계 역시 나 자신을 포함하여 전체 세계가 진리 하나, 하나님 하나, 나 하나입니다. 분리는 자기를 전체에서 떨어져 있는 개별적 존재라 착각하는 데서 일어납니다. 일체는 분리될 수 없는 하나입니다.

이 사실에 눈뜨지 못하면 우리는 결코 좁힐 수 없는 주관과 객관의 분열 속에서 나고 죽을 뿐입니다. 나와 나 아닌 것이 둘이 아닌 하나, 둘로 드러난 하나라는 사실을 몸소 경험해야만 삶과 죽음의 이분법에서 벗어나게 될 것입니다. 시공 속을 살되 시공에 구속되지 않게 될 것입니다.

영원히 목마르지 않을 샘물이 여기에 있습니다. 당신은 바로 지금 여기에 있습니다. 바로 지금 여기가 당신입니다. 이 있음, 이 존재가 바로 하나님입니다.

(잠시 묵상)

말과 생각을 쉬고 잠시 고요히 있으십시오. 온갖 감각, 감정, 생각의 흐름이 바로 지금 여기 이 순간, 이 공간을 자연스레 통과하도록 허용하십시오. 순간순간 감각이 변합니다. 감정이 일어났다 사라집니다. 생각이 왔다가 갑니다. 그러나 무언가 그것들과 상관없이, 그것들을 감싸 안고 바로 지금 여기 있습니다.

여기에 물이 있습니다. 여기에 진리가 있습니다. 여기에 하나님이 있습니다. 여기에 내가 있습니다. 바로 지금 여기 이것입니다.

오고 가는 생각은 내가 아닙니다. 생각이 자유롭게 일어났다 사라지는 텅 빈 공간, 한계가 없는 생명, 아무 내용이 없는 의식이 바로 나입니다. 이것을 허망한 생각으로 판단하려 하지 마십시오. 생각이라는 수단으로 이 진실을 판단하려는 한, 끝없는 의심만 일어날 뿐입니다. 판단을 멈추십시오. 그저 존재하십시오.

그저 이렇게 존재하고 있습니다. 바로 지금 여기 있습니다. 있고 싶지 않아도 있습니다. 나의 희망, 기대, 소원, 의지, 충동, 노력과 아무 상관 없이 이렇게 있습니다. 긍정을 해도 이렇게 있고, 부정을 해도 이미 이렇게 있습니다. 생각으로 판단하면 애매모호하지만, 생각을 쉬면 너무나 분명합니다.

고요히 있으십시오. 그러면 내가 바로 하나님임을 알 것입니다.

(잠시 묵상)

《무문관》이라는 공안집에 다음과 같은 공안이 있습니다.

조산(曹山) 스님에게 청세(清税)라는 승려가 물었다.

"저는 외롭고 가난하니 스님께서 불쌍히 여겨 도와주십시오."

조산 스님이 말했다.

"청세 스님!"

청세가 "예." 하고 대답하였다.

조산 스님이 말했다.

"청원(青原)의 맛 좋은 술을 석 잔이나 마셔 놓고는 아직 입술도 적시지 않았다고 하는구려."

온몸을 물속에 담고 있으면서 다시 물을 찾고 있는 물고기에게 무엇이라고 말해 줘야 할까요? 온몸이 물속에 있으면서도 목이 마르다고 아우성치는 물고기의 목마름은 어떻게 해야 달래 줄 수 있을까요? 자기 자신을 찾으려면 어디로 가야 하냐고 묻는 이에게 어느 곳을 가리켜 보여야 할까요?

여러분! (잠시 침묵)

아시겠습니까? (잠시 침묵) 모른다는 것도 아는 것입니다. 알고 모르는 것과 상관없이 바로 지금 이 순간 부름에 응답하지 않으면서 응답하고 있는 그것이 무엇입니까? '여러분!'이라는 소리가 어디에서 메아리치고 있습니까? 바로 지금 여기입니다. 이 자리가 바로 진리, 하나님, 바로 나입니다.

여러분!

(침묵)

12. 눈이 밝아야

"눈은 몸의 등불이다. 그러므로 네 눈이 성하면 온몸이 밝을 것
이며 네 눈이 성하지 못하면 온몸이 어두울 것이다. 그러니 만
일 네 마음의 빛이 빛이 아니라 어둠이라면 그 어둠이 얼마나
심하겠느냐?"
_마태복음, 6:22~23

"몸의 등불은 눈이다. 네 눈이 성하면 온몸이 밝을 것이며 네 눈
이 병들었으면 온몸이 어두울 것이다. 그러니 네 안에 있는 빛
이 어둠이 아닌지 잘 살펴보아라. 너의 온몸이 어두운 데가 하
나 없이 빛으로 가득 차 있다면 마치 등불이 그 빛을 너에게 비
출 때와 같이 너의 온몸이 밝을 것이다."
_누가복음, 11:34~36

예수는 눈이 몸의 등불이라고 합니다. 그러나 이 눈은 몸뿐만 아
니라 온 세상의 등불입니다. 우리의 내면 세계와 외면 세계를 두루
비추는 등불이 바로 이 눈입니다. 이 눈은 몸에 붙어 있는 감각 기

관으로서의 눈을 가리키는 것이 아닙니다. 예수도 이 눈을 '네 마음의 빛', '네 안의 빛'이라 말하고 있습니다.

살덩이 눈은 선천적으로 멀 수도 있고, 후천적으로 병들거나 상처받을 수 있지만, 온 우주를 밝게 비추고 있는 이 눈은 단 한 순간도 어두운 적이 없습니다. 많은 사람이 이 눈의 존재를 알지 못하고, 이 눈을 뜨지 못하기 때문에 살덩이 눈에 비치는 헛된 모양에 속아 사는 것입니다.

(잠시 묵상)

드러난 모든 모양, 현상 세계가 그대로 바로 이 눈입니다. 선가(禪家)에 "시방세계가 바로 실상(實相)을 꿰뚫어 본 납승(衲僧)의 외짝눈"이라는 말이 있습니다. "눈꺼풀로 온 세상을 다 덮고, 콧구멍 속에 백억의 화신(化身)을 감췄다."는 시구도 있습니다. 온 세계가 바로 이 둘 아닌 하나의 눈 안에 있습니다.

바로 지금 보는 자와 보이는 대상, 보는 작용 전체가 이 눈 안의 일입니다. 이 눈을 벗어난 것은 아무것도 없습니다. 이 눈을 보는 또 다른 눈은 없습니다. 이 눈은 무한한 생명, 무한한 빛입니다. 모든 것이 이 눈, 이 생명, 이 빛에 의해 드러나고 있습니다. 매 순간 창조가 이루어지고 있습니다.

(잠시 묵상)

바로 지금 이 순간 눈앞을 바라보십시오. 내가 바깥 세상을 보고 있는 것이 사실입니까? (침묵) 그저 모든 것이 보이고 있는 것은 아닙니까? 내가 눈을 뜨고 있든 감고 있든 모든 것이 그저 거울에 비치는 영상처럼 비춰지고 있는 것은 아닙니까? (침묵) 그것을 보고 있는 나마저도 말입니다. (침묵)

하나의 눈이 하나의 눈을 보고 있습니다. 하나의 빛이 하나의 빛을 비추고 있습니다. 보는 자와 보이는 대상, 보는 작용이 모두 하나의 실체입니다. 스스로 분열되어 미혹하면 여러 가지가 있는 것 같지만, 이 하나의 눈을 뜨고, 이 하나의 빛을 밝히면 오직 이것 하나뿐입니다.

바로 지금 눈앞에 살아 있는 이것 하나!

(침묵)

13. 원수를 사랑하라

"'네 이웃을 사랑하고 원수를 미워하여라.'고 하신 말씀을 너희는 들었다. 그러나 나는 이렇게 말한다. 원수를 사랑하고 너희를 박해하는 사람들을 위하여 기도하여라.

그래야만 너희는 하늘에 계신 아버지의 아들이 될 것이다. 아버지께서는 악한 사람에게나 선한 사람에게나 똑같이 햇빛을 주시고, 옳은 사람에게나 옳지 못한 사람에게나 똑같이 비를 내려 주신다.

너희가 자기를 사랑하는 사람들만 사랑한다면 무슨 상을 받겠느냐? 세리들도 그만큼은 하지 않느냐? 또 너희가 자기 형제들에게만 인사를 한다면 남보다 나을 것이 무엇이냐? 이방인들도 그만큼은 하지 않느냐?

하늘에 계신 아버지께서 완전하신 것같이 너희도 완전한 사람이 되어라."

_마태복음, 5:48

"그러니 너희의 아버지께서 자비로우신 것같이 너희도 자비로운 사람이 되어라."

_누가복음, 6:36

선문(禪文) 가운데 《신심명(信心銘)》이라는 글이 있습니다. 그 글의 첫 부분은 이렇게 시작합니다.

도(道)에 이르는 데는 어려움이 없으니
오직 가려서 선택하지만 말라
다만 미워하고 사랑하지만 않는다면
막힘없이 트여 명백할 것이다.

도(道), 진리, 하나님 나라에 이르는 데는 어려움이 없습니다. 다만 가려서 선택하지만 않으면 됩니다. 미워하고 사랑하지만 않는다면 어디에도 걸림 없이 분명할 것입니다.

우리를 결코 벗어날 수 없는 진리, 하나님에서 벗어난 것처럼 느끼게 만드는 주범은 분별심입니다. 이웃과 원수를 나누고, 이웃은 사랑하고 원수는 미워하는 마음 때문입니다.

분별심은 '나'라고 하는 삶의 주체가 따로 있는 듯한 환상에서 비롯됩니다. '나'가 주체의 위치를 점하는 순간, '나' 아닌 다른 모든 것은 '나'와 동떨어진 객체로서 '나'와 대립하게 됩니다.

'나'의 기준에 따라 어떤 것은 사랑하여 집착하고, 어떤 것은 미워하여 저항하게 됩니다. 삶의 분열, 갈등은 그렇게 시작됩니다. 허망한 '나'를 실재라고 믿는 순간, 가려서 선택함과 좋아하고 미워함, 그리고 그로 인한 분열과 갈등을 피할 길은 없습니다.

(잠시 묵상)

삶 가운데 삶 아닌 것은 없습니다. 하늘에 계신 아버지와 그 아들 역시 삶 가운데 있습니다. 이웃과 원수, 악한 사람과 선한 사람, 옳은 사람과 옳지 못한 사람 모두 삶 가운데 있습니다. '나' 또한 삶 가운데 있습니다.

모두가 삶의 다양한 형태, 모습에 불과합니다. 마치 온갖 물결이 그저 물 하나인 것과 같습니다. 오직 삶만이, 생명만이 있습니다. 사랑과 미움 또한 고정된 모양이 없는 삶의 또 다른 모습입니다.

바로 지금 우리 눈앞이 삶입니다. 매 순간이 삶 자체입니다. 기쁠 때나 슬플 때나 화가 날 때나 좌절할 때나 모든 것이 삶입니다.

겉으로 드러난 현상은 각각 다른 모양인 듯하지만 그 바탕, 질료는 동일합니다.

오직 삶만이, 생명만이, 하나님만이 있습니다.

(침묵)

스스로 '나'를 기준으로 이웃과 원수를 나눠 가르지 않는다면, 어떤 것은 사랑하고 어떤 것은 미워하지 않는다면, 하나님과 하나님의 나라가 멀지 않습니다. 아니, 설사 그렇게 나눠 가르고, 사랑하고 미워할지라도 역시 그러합니다.

오직 삶만이, 생명만이, 하나님만이 있기 때문입니다.

하나님의 완전함은 우리 눈에는 불완전해 보이는 것마저 감싸 안고 있기 때문입니다. 완전함에서는 완전함만이 비롯하기 때문입니다. 삶에서는 삶만이, 생명에서는 생명만이, 하나님에게서는 하나님만이 비롯합니다.

하나님의 자비는 모든 것을 차별 없이 평등하게 보는 눈입니다. 그 겉모양이 어떠하든 오직 삶만이, 오직 생명만이, 오직 하나님만이 있기 때문입니다. 금으로 만든 반지, 목걸이, 팔찌가 그 본질에 있어서는 모두 금인 것과 같습니다.

아무 생각 없이, 아무 판단 없이, 그저 존재하십시오. 거기에 하나님이 평화가 있습니다.

아멘.

(침묵)

14. 일어나 걸어가라

예루살렘 양의 문 곁에는 히브리말로 베짜타라는 못이 있었고 그 둘레에는 행각 다섯이 서 있었다. 이 행각에는 소경과 절름 발이와 중풍병자 등 수많은 병자들이 누워 있었는데(그들은 물이 움직이기를 기다리고 있었다. 이따금 주님의 천사가 그 못에 내려와 물을 휘젓곤 하였는데 물이 움직일 때에 맨 먼저 못에 들어가는 사람은 무슨 병이라도 다 나았던 것이다.) 그들 중에는 삼십팔 년이나 앓고 있는 병자도 있었다.

예수께서 그 사람이 거기 누워 있는 것을 보시고 또 아주 오래된 병자라는 것을 아시고는 그에게 "낫기를 원하느냐?" 하고 물으셨다.

병자는 "선생님, 그렇지만 저에겐 물이 움직여도 물에 넣어 줄 사람이 없습니다. 그래서 저 혼자 가는 동안에 딴 사람이 먼저 못에 들어갑니다." 하고 대답하였다.

예수께서 "일어나 요를 걷어들고 걸어가거라." 하시자

그 사람은 어느새 병이 나아서 요를 걷어들고 걸어갔다.

_요한복음, 5:2~9

모든 병을 치유해 준다는 베짜타 연못가에서 천사가 내려와 물을 휘저어 주기를 기다리는 소경, 절름발이, 중풍병자는 누구입니까? 진리를 깨닫지 못하고 있는 우리 자신 아닐까요?

멀쩡한 제 눈과, 제 다리, 제 몸을 가지고 이렇게 보고, 이렇게 걷고, 이렇게 말하고 행동하는 평범한 진리는 놓아두고, 엉뚱하게 하늘의 천사가 내려와 자신을 구원해 주기를 바라는 사람들이 병자가 아닐까요?

선가(禪家)에서 성미 고약하기로 소문난 임제(臨濟) 스님은 이렇게 말했습니다.

"도를 배우는 벗들이여! 제방의 선지식들이 말하기를 도를 닦을 것이 있고 법을 깨칠 것이 있다고 하는데, 그대들은 무슨 법을 깨치며 무슨 도를 닦는다고 말하는가? 그대들이 지금 쓰고 있는 것에서 무슨 모자람이 있으며, 어떤 점을 닦고 보완한다는 것인가?

못난 후학들이 잘 모르고 이들 여우와 도깨비들을 믿어서 그들의 말과 행동을 받아들인다. 그러고는 다른 사람들까지 얽어매어 말하기를 '이치와 행이 서로 부합하고 삼업(三業)*을 잘 보호

---

* 몸과 말과 생각으로 짓는 세 가지 행위. 몸으로 짓는 것은 신업(身業), 말로 짓는

하고 지켜야만 비로소 성불할 수 있다.'고 한다. 이와 같이 말하는 자들은 봄날의 가랑비처럼 많다.

옛사람이 이르기를, '길에서 도를 아는 사람을 만나거든, 무엇보다 도에 대해서 말하지 말라.'고 하였다. 그러므로 말하기를, '만약 누구라도 도를 닦으면 도는 행하여지지 않고 도리어 수만 가지 삿된 경계들이 다투어 생겨나게 된다. 지혜의 칼을 뽑아 들면, 아무것도 없다. 밝은 것이 나타나기 전에 어두운 것이 밝아진다.'고 하였다.

그러므로 또 옛사람이 말하기를, '평상의 마음이 바로 도(道)다.'라고 한 것이다."

바로 지금 보고 듣고 느끼고 아는 여기, 가고 머물고 앉고 눕는 이 작용에 무슨 모자란 것이 있습니까? 살덩이 눈이 멀어 보지 못하는 소경보다, 지금 멀쩡하게 제 눈을 통해 세상을 보면서도 그것이 진리를 보고 있다는 사실을 깨닫지 못하는 사람이 더욱 가련한 병자입니다.

제 스스로는 한 발짝도 걷지 못하는 사람일지라도 걸을 수 있는 능력은 아무 모자람 없이 갖추어져 있다는 사실을 명확하게 깨달

것은 구업(口業), 생각으로 짓는 것은 의업(意業)이라고 한다.

아야만 합니다. 그렇게 겉으로 드러난 모양을 따라 분별하느라 이미 온전하게 주어져 있는 진리, 생명, 하나님을 스스로 부정해서는 안 됩니다.

하나님의 사랑과 은총, 하나님의 구원, 진리는 바깥에서 찾아 구해야 하는 물건이 아닙니다. 그것이야말로 유일한 자기 자신, 우리의 참 생명입니다. 모든 사람에게 아무 모자람 없이 주어진 능력, 성령입니다. 이미 우리는 구원받았습니다. 이대로 우리는 완전합니다.

(잠시 묵상)

나를 보기 위해서 다른 사람의 눈을 빌릴 필요는 없습니다. 나에게로 다가가기 위해서 한 걸음도 뗄 필요가 없습니다. 나를 끌어안기 위해서 팔을 들어 올릴 필요도 없습니다. 나는 이미 나입니다. 시작을 알 수 없는 그때부터 끝을 알 수 없는 영원에 이르기까지, 나는 오직 나입니다.

나는 어디에도 의지하고 있지 않지만, 온갖 만물이 나에 의지해 있습니다. 객관과 짝을 이루어 존재하는 주관으로서의 작은 '나'는 만물 가운데 하나일 뿐입니다. 진정한 나, 영원한 생명으로서의 나는 어디에도 의지함 없이 스스로 존재합니다. 나는 스스로 존재하는 자입니다.

(잠시 묵상)

어떤 기도, 어떤 묵상, 어떤 수행을 통해야만 좀더 나다운 내가 되는 것이 아닙니다. 이 스스로 존재하는 나, 형상 없는 나, 이미 완전한 나는 불가침의 신성(神性)입니다. 인간의 알량한 생각이 가닿을 수 없는 성지(聖地)입니다. 문득 '나'를 잊는 순간, 나를 깨닫습니다.

바로 지금 여기 이렇게 있습니다.

(침묵)

이제 그만 자리에서 일어나 집으로 돌아가십시오.

15. 걱정 말아요, 그대

"그러므로 나는 분명히 말한다. 너희는 무엇을 먹고 마시며 살아갈까, 또 몸에는 무엇을 걸칠까 하고 걱정하지 말아라. 목숨이 음식보다 소중하지 않느냐? 또 몸이 옷보다 소중하지 않느냐?

공중의 새들을 보아라. 그것들은 씨를 뿌리거나 거두거나 곳간에 모아들이지 않아도 하늘에 계신 너희의 아버지께서 먹여 주신다. 너희는 새보다 훨씬 귀하지 않느냐?

너희 가운데 누가 걱정한다고 목숨을 한 시간인들 더 늘일 수 있겠느냐? 또 너희는 어찌하여 옷 걱정을 하느냐? 들꽃이 어떻게 자라는가 살펴보아라. 그것들은 수고도 하지 않고 길쌈도 하지 않는다. 그러나 온갖 영화를 누린 솔로몬도 이 꽃 한 송이만큼 화려하게 차려입지 못하였다.

너희는 어찌하여 그렇게도 믿음이 약하냐? 오늘 피었다가 내일 아궁이에 던져질 들꽃도 하나님께서 이처럼 입히시거든 하물며 너희야 얼마나 더 잘 입히시겠느냐?

그러므로 무엇을 먹을까 무엇을 마실까, 또 무엇을 입을까 하고 걱정하지 말라. 이런 것들은 모두 이방인들이 찾는 것이다. 하늘에 계신 아버지께서는 이 모든 것이 너희에게 있어야 할 것을 잘 알고 계신다.

너희는 먼저 하나님의 나라와 하나님께서 의롭게 여기시는 것을 구하여라. 그러면 이 모든 것도 곁들여 받게 될 것이다. 그러므로 내일 일은 걱정하지 말아라. 내일 걱정은 내일에 맡겨라. 하루의 괴로움은 그 날에 겪는 것만으로 족하다."

_마태복음, 6:25~34

불가(佛家)에서는 인간사의 괴로움을 번뇌(煩惱)라고 부릅니다. 번(煩)이라는 글자는 머리라는 뜻을 가진 글자 혈(頁)에 불 화(火)자가 결합하여 만들어졌고, 뇌(惱) 자는 마음을 나타내는 심방변(忄)에 정수리 신(囟) 자와 내 천(巛) 자가 결합된 것입니다. 즉, 번거로움이라는 생각 때문에 머리가 뜨거워지는 것이고, 괴로움이라는 생각 때문에 마음이 어지럽게 흘러가는 것을 상징합니다. 백년도 살지 못하면서 천 년의 걱정을 하며 사는 것이 중생의 번뇌입니다.

우리는 생각으로 살아가는 것이 아닙니다. 생각 자체는 문득 인연 따라 불어오는 바람처럼 그 출처를 알 수 없고 그 귀결처를 알 수 없습니다. 생각은 독자적인 실체가 있는 것이 아니라 여러 가지 인연, 조건들의 결합으로 마치 있는 것처럼 지각되는 것일 뿐입니다. 생각에 지나친 믿음과 에너지를 부여할 때, 즉 특정 생각에 집착하거나 저항할 때 그것이 번뇌가 됩니다. 번뇌의 뿌리에는 대상이 되는 인연과 짝을 이루는 주체로서의 '나'에 대한 믿음이 있습니다.

우리는 내가 삶을 살아간다고 믿습니다. 내가 보고, 내가 듣고, 내가 느끼고, 내가 안다고 믿습니다. 내가 태어나고, 내가 살다가, 내가 병들고, 내가 죽는다고 믿습니다. 고정불변하는 내가 세계와 떨어져서 따로 있다고 믿습니다. 그렇게 독립되어 있는 개체로서의 내가 있기 때문에 수많은 타자와의 관계가 문제가 됩니다. 예측 불가능한 여러 경우의 수에 대비하기 위해 우리는 많은 걱정을 떠안고 살아야만 합니다. 그러나 과연 그것이 사실, 진실일까요?

(잠시 묵상)

지금 당신은 숨 쉬고 있습니까? (침묵) 이 말을 듣고 스스로 숨 쉬고 있는지 살펴보기 이전에, 자신의 호흡을 전혀 의식하고 있지 않은 순간에도 호흡은 저절로 이루어지고 있지 않았습니까? 어젯밤 당신의 분별력이 완전히 사라진 깊은 잠 속에서도 호흡은 저절로 이루어지고 있지 않았습니까? 당신의 모발이 자라고, 장이 움직여 음식물을 소화하고, 심장을 펌프질하여 혈액을 순환하게 하는 것을 모두 당신이 하고 있었습니까?

(잠시 묵상)

어쩌면 당신 자신이라는 주체감 또한 알 수 없는 무엇, 이 영원한 생명의 흐름 가운데 나타나는 물거품과 같은 생각이나 느낌이 아닐까요? 제 스스로는 텅 비어 결코 상대적으로 드러나지 않지만, 모든 다른 대상이 나타났다 사라지는 공간과 같은 무대 위에서, 등장과 퇴장을 반복하는 어릿광대와 같은 것이 '나' 아닐까요? 바로 지금 의식되고 있는 몸과 마음이 진정한 자기 자신이 아니라, 그렇게 몸과 마음을 의식하고 있는 '무엇'이 참나가 아닐까요?

모든 것을 의식하고 있지만 제 스스로는 의식되지 않는 무엇! 바로 지금 이 글을 보고 있는 무엇! 바로 지금 자신의 호흡을 지켜보고 있는 무엇! 신체 감각의 변화와 바깥 상황의 변화를 저절로 지각하는 무엇! 아무 내용이 없기에 여러 다양한 내용의 의식을 수용할 수 있는 순수한 의식 자체! 모든 변화의 작용 가운데 결코 변화하지 않는 자기 동일성의 근원! 나와 세계의 존재로서 드러나고 있는 존재 자체! 모든 것에 현실감을 부여하는 생명 자체!

바로 이것!

(침묵)

내가 삶을 사는 것이 아니라, 삶이라 부를 만한 무엇이 나를 통해 드러나고 있는 것은 아닐까요? 온 우주가 하나의 생명으로 살아 있는 것이 아닐까요? 무형의 존재 자체가 온갖 유형의 존재들로서 자기를 표현하고 있는 것은 아닐까요? 영원이 매 순간의 무상함으로 창조와 파괴의 춤을 추고 있는 것은 아닐까요? 어쩌면 우리의 삶이란 존재가 꾸는 거대한 환영, 꿈에 지나지 않는 것이 아닐까요? 깨고 나면 흔적 없는 존재의 꿈!

《도덕경》에 이르기를, "사람은 땅을 따르고, 땅은 하늘을 따르고, 하늘은 도를 따르고, 도는 저절로 그러함을 따른다."고 하였습니다. 저절로 그러함이 도(道)입니다. 하려고 함 없이 작용하고 있는 것이 생명입니다. 온갖 만물을 살아 움직이게 하는 것이 하나님입니다. 우리 몸의 세포 하나하나가 나누어지지 않는 하나의 온전한 생명에 의해 살아가듯, 삼라만상이 분리 없는 하나의 존재 가운데 나타나고 있습니다. 내가 삶을 사는 것이 아니라, 삶이 나를 살아갑니다.

너무 걱정하지 마십시오. 일어날 일은 일어날 것이고, 일어나지 않을 일은 결코 일어나지 않을 것입니다. 지나간 어제를 다시 살지 말고, 오지 않은 내일을 미리 살지 마십시오. 그저 오늘, 영원한 현재를 사십시오. 모든 것은 오로지 바로 지금 여기 이 순간 이 자리에만 의미가 있습니다. 지나간 일에 연연하지 마시고, 오지 않은 일을 미리 걱정하지 마십시오. 다만, 오지도 않고 가지도 않는 일만 염두에 두시기 바랍니다. 바로 지금 여기 이 순간 이 자리!

늘 생생하게 살아 있는 지금, 언제나 모든 변화를 수용하고 있는 여기, 멈출 수 없는 이 순간, 머물 수 없는 이 자리! 모든 일은 바로 지금 여기 이 순간 이 자리에서 일어났다 다시 그 자리로 돌아갑니다. 이곳이 우리의 삶이 펼쳐지는 유일한 현장, 하나님의 의(義)가 실현되는 하나님 나라입니다. 여기에 하나님의 평화가 있습니다. 여기에 하나님의 구원이 있습니다. 여기에 영원한 생명이 있습니다. 여기에 있습니다.

(침묵)

16. 제 눈 속의 들보

"남을 판단하지 말아라. 그러면 너희도 판단받지 않을 것이다. 남을 판단하는 대로 너희도 하나님의 심판을 받을 것이고 남을 저울질하는 대로 너희도 저울질을 당할 것이다.

어찌하여 너는 형제의 눈 속에 있는 티는 보면서 제 눈 속에 들어 있는 들보는 깨닫지 못하느냐? 제 눈 속에 있는 들보도 보지 못하면서 어떻게 형제에게 '네 눈의 티를 빼내어 주겠다.'고 하겠느냐?

이 위선자야! 먼저 네 눈에서 들보를 빼내어라. 그래야 눈이 잘 보여 형제의 눈에서 티를 빼낼 수 있지 않겠느냐?"

_마태복음, 7:1~5

"남을 비판하지 말라. 그러면 너희도 비판받지 않을 것이다. 남을 단죄하지 말라. 그러면 너희도 단죄받지 않을 것이다. 남을 용서하여라. 그러면 너희도 용서를 받을 것이다.

남에게 주어라. 그러면 너희도 받을 것이다. 말에다 누르고 흔들어 넘치도록 후하게 담아서 너희에게 안겨 주실 것이다. 너희가 남에게 되어 주는 분량만큼 너희도 받을 것이다.”

예수께서는 또 이렇게 비유를 들어 말씀하셨다. “소경이 어떻게 소경의 길잡이가 될 수 있겠느냐? 그러면 둘 다 구덩이에 빠지지 않겠느냐?

제자가 스승보다 더 높을 수는 없다. 제자는 다 배우고 나도 스승만큼 밖에는 되지 못한다.

너는 형제의 눈 속에 든 티는 보면서도 어째서 제 눈 속에 들어 있는 들보는 깨닫지 못하느냐? 제 눈 속에 있는 들보도 보지 못하면서 어떻게 형제더러 ‘네 눈의 티를 빼내 주겠다’고 하겠느냐?

이 위선자야, 먼저 네 눈에서 들보를 빼내어라. 그래야 눈이 잘 보여 형제의 눈 속에 있는 티를 꺼낼 수 있다.”

_누가복음, 6:37~42

《육조단경》〈무상송(無相頌)〉에 보면 다음과 같은 구절이 있습니다.

만약 참으로 도를 닦는 사람이라면
세간의 허물을 보지 않네.
만약 다른 사람의 그릇됨을 본다면
스스로 그릇됨이니 도리어 어긋나네.
다른 사람은 그르고 나는 그르지 않다고 하면

내가 그르다 함이 스스로 허물이 있네.

다만 스스로 그릇된 마음을 버리면

번뇌를 쳐 없애 부서뜨리네.

다른 사람의 허물을 판단하는 그것이 자기 자신의 허물을 판단할 것입니다. 다른 사람의 잘못을 비판하는 그것이 자기 자신의 잘못도 비판할 것입니다. 다른 사람을 찌르고 자르는 그 칼로 자기 자신마저 찌르고 자를 것입니다.

분별과 판단의 주체를 자기 자신으로 오인해서는 안 됩니다. 그것은 마치 도적을 아들로 착각하는 것과 같습니다. 나그네를 붙잡아 자신의 침대 길이에 맞춰 늘이고 자르는 프로쿠르스테스[*]처럼 언젠가 자기 자신도 그것에 희생될 것입니다.

(잠시 묵상)

바로 지금 모든 사물을 보고 있는 자신의 눈을 떠나서 바깥에 따로 사물이 존재하는 것이 아닙니다. 보는 눈이 바로 보이는 대상입니다. 보이는 대상이 그대로 그것을 보고 있는 눈 자체입니다.

---

[*] 그리스 신화에 나오는 인물. 바다의 신 포세이돈의 아들로서 행인들을 붙잡아 자기 침대에 눕혀서, 그 다리가 길면 잘라서 죽이고, 모자라면 잡아 늘여서 죽이는 악행을 저지르다 영웅 테세우스에게 똑같은 방법으로 죽임을 당했다.

이 마음의 눈이 밝아야 합니다. 이 마음의 눈이 티끌이나 들보에 가로막혀서는 안 됩니다. 분별과 망상, 아집과 아만으로 멀쩡한 눈을 못 쓰게 만들어서는 안 됩니다. 어떤 생각도 마음에 담아 두어서는 안 됩니다.

금가루가 귀하다고 하지만 눈에 들어가면 병이 된다는 말이 있습니다. 눈에는 어떤 것도 들어가 있어서는 안 됩니다. 한 생각도 마음의 눈에 담아 두어서는 안 됩니다. 한 티끌도 없는 청정한 눈에 있는 그대로의 진실이 비칩니다.

(잠시 묵상)

바깥의 사물을 향하던 눈길을 그것을 보고 있는 눈 자신에게 돌리십시오. 보고 있는 눈을 보십시오. 남을 향하던 분별과 판단의 손가락을 자기 자신에게로 향하게 하십시오. 분별과 판단 자체를 분별하고 판단해 보십시오.

완전히 멈추십시오!

(침묵)

보는 눈도 보이는 대상도 없는 여기, 분별하고 판단하는 자도, 분별되고 판단되는 것도 없는 이 자리, 무엇이 있습니까? 아무것도 없지만 죽어 있지는 않습니다. 텅 비어 있지만 생생하게 살아 있습니다. 고요하지만 또렷합니다.

침묵이 말하고 있습니다.

모든 이름, 개념, 모양, 생각이 티끌이자 들보입니다. 그것들을 모두 빼내십시오. 마음은 마음이라는 이름이 아닙니다. 의식은 의식이라는 개념이 아닙니다. 진리는 진리라는 모양이 아닙니다. 하나님은 하나님이라는 생각이 아닙니다.

허공이 춤을 추고 있습니다.

분별과 판단을 멈추고 있는 그대로 보십시오. 눈을 뜨십시오. 아무 노력이 없는 자각의 성품이 온 우주로 드러나고 있다는 사실을 깨달으십시오. 애초부터 어떤 분리와 분열 없이 온전히 전체로 존재하고 있었음을 깨달으십시오.

(침묵)

17. 구하라, 찾으라, 두드리라

"구하라, 받을 것이다. 찾으라, 얻을 것이다. 문을 두드리라, 열릴 것이다. 누구든지 구하면 받고, 찾으면 얻고, 문을 두드리면 열릴 것이다.

너희 중에 아들이 빵을 달라는데 돌을 줄 사람이 어디 있으며, 생선을 달라는데 뱀을 줄 사람이 어디 있겠느냐?

너희는 악하면서도 자기 자녀에게 좋은 것을 줄 줄 알거든 하물며 하늘에 계신 너희의 아버지께서야 구하는 사람에게 더 좋은 것을 주시지 않겠느냐?"

_마태복음, 7:7~11

구하기 이전에 이미 받았습니다. 찾기 이전에 이미 얻었습니다. 두드리기 이전에 이미 문은 열려 있었습니다.

이것이 참으로 복된 소식입니다. 이것이 진정한 구원입니다. 이것이 놀라우신 하나님의 은총입니다.

이것을 알지 못하는 것이 우리의 어리석음입니다. 이것을 깨닫지 못하는 것이 우리의 허물입니다. 이것을 받아들이지 못하는 것이 우리의 죄입니다.

만약 진리가 우리와 떨어져 별개로 존재하는 것이라면, 그것은 반드시 한계를 가진 것입니다. 그렇다면 그것은 결코 무한한 진리일 수 없습니다.

만약 진리가 바로 지금 당장이 아니라 미래의 어느 시점에 얻을 수 있는 것이라면, 그것은 단절이 있는 것입니다. 그렇다면 그것은 결코 영원한 진리일 수 없습니다.

진리는 바로 지금 여기 우리와 함께, 우리 자신으로 이렇게 있어야만 합니다. 그런 까닭에 구하면 받고, 찾으면 얻고, 두드리면 열리는 것입니다.

언제 어디서나 늘 함께하기에 다시 구하거나 찾거나 두드릴 필요가 없는 것이 무엇일까요? 바로 지금 눈앞의 사실이 아닐까요?

그곳에 도달하기 위해 단 1초도 기다릴 필요가 없으며, 단 한 걸음도 옮길 필요가 없는 시간과 장소는 바로 지금 여기뿐입니다.

언제나 변함없는 현존이 영원한 생명, 바로 지금 여기에 이렇게 살아 있음입니다. 그 자체는 아무 속성이 없이 텅 비어 있지만 깨어 있는 의식입니다.

이것이 우리 자신과 외부 세계로 드러난 현상의 본질입니다. 하나님이 창조한 천지가 바로 하나님 자신입니다. 오직 하나님밖에 다른 것은 없습니다.

창조주는 피조물을 통해 자신의 영광을 드러내고 있습니다. 창조주는 피조물 가운데 있고, 피조물은 창조주 가운데 있습니다.

아버지와 아들은 하나이면서 여럿이고, 여럿이면서 하나입니다. 아버지는 아들로 말미암아 아버지가 되고, 아들은 아버지로 말미암아 아들이 됩니다.

창조주가 피조물이고, 피조물이 창조주입니다. 아버지가 아들이고, 아들이 아버지입니다. 하나이면서 둘이고, 둘이면서 하나입니다.

바로 지금 눈앞의 이것이 그것입니다. 구하십시오. 받을 것입니다. 찾으십시오. 얻을 것입니다. 두드리십시오. 열릴 것입니다.

18. 좁은 문

"좁은 문으로 들어가거라. 멸망에 이르는 문은 크고 또 그 길이
넓어서 그리로 가는 사람이 많지만, 생명에 이르는 문은 좁고
또 그 길이 험해서 그리로 찾아 드는 사람이 적다."
_마태복음, 7:13~14

예수가 말한 생명에 이르는 '좁은 문'을 선가(禪家)에서는 '문 없
는 문(無門關)'이라고 합니다. '좁은 문'이 좁고 험해서 그리로 들어
가는 사람이 적은 문이라면, '문 없는 문'은 아예 들어갈 문조차 찾
을 수 없어 앞길이 꽉 막힌 문입니다. '좁은 문'이든 '문 없는 문'이
든 그 문을 넘어선 사람은 영원한 생명, 생사가 없는 도리를 깨달
을 수 있지만, 그 문을 넘지 못하면 멸망, 생사의 고해에서 벗어날
수 없습니다.

그렇다면 그 문은 어디에 있을까요?

(잠시 묵상)

나는 지금 어디에 있습니까? 바로 지금 여기 이 순간 이 자리에 있는 모든 지각의 원점, 부분이 없는 전체이자 위치도 크기도 없는 영원한 생명이 바로 나입니다. 바로 지금 이 순간 이 자리가 바로 나입니다. 바로 지금 여기 이 순간 이 자리가 곧 나 자신이자 영원한 생명으로 조금의 간격도 없습니다. 언제 어디서나 이럴 뿐입니다. 잘라 낼 수 없는 시간, 분리할 수 없는 공간, 이것이다 저것이다 분별할 수 없는 존재 자체가 바로 이것입니다.

생각을 통해 이해하려는 순간, 한계 없이 텅 트여 있는 허공이 좁디좁은 문, 다가서려야 다가설 수 없는 문 없는 문이 됩니다. 살아 있는 진리 자체가 죽어 버린 개념, 박제가 되어 버린 생각으로 전락합니다. 단 한 순간만이라도 생각의 움직임이 멈추면, 그저 있는 이대로의 진실에 대한 자각이 싹틀 수 있습니다. 생각의 소란스러움에서 잠시 벗어나게 될 때, 그 생각들이 일어나고 사라지는 바탕을 비로소 보게 되는 일이 벌어질 수 있습니다.

자신도 모르게 좁은 문을 통과하고 문득 돌아보면 애초부터 문이 없었기에 들어가는 일마저 없음을 깨닫습니다. 회교(回敎)의 신비가 잘랄루딘 루미는 이 사실을 다음과 같은 아름다운 시로 노래

했습니다.

광기의 입술에 매달려 살아왔다
까닭을 알고 싶어서
문을 두드렸다. 문이 열리자
나는 안에서 두드리고 있었다.

밖에 있는 줄 알았는데 이미 안에 들어와 있었습니다. 아니, 애초부터 안도 없었고 따라서 밖도 없었습니다. 언제 어디서나 나였는데 내가 나인 줄 미처 몰랐습니다. 허망하게 변하는 것을 나인 줄 안 까닭에 항상 변함없는 나를 깨닫지 못했습니다. 더이상 쪼갤 수 없는, 부분이 없는 전체가 바로 지금 여기 이 순간 이 자리입니다. 이것을 의식하면 없는 문이 생겨나지만, 의식하지 않는다면 문은 본래 없었습니다.

그대 자신을 열고 그 안으로 들어가십시오.

(침묵)

19. 그를 따르려면

예수의 일행이 길을 가고 있을 때 어떤 사람이 예수께 "저는 선생님께서 가시는 곳이면 어디든지 따라 가겠습니다." 하고 말하였다. 그러나 예수께서는 "여우도 굴이 있고 하늘의 새도 보금자리가 있지만, 사람의 아들은 머리 둘 곳조차 없다." 하고 말씀하셨다.

다른 사람에게 "나를 따라오너라." 하고 말씀하시자 그는 "선생님, 먼저 집에 가서 아버지 장례를 치르게 해 주십시오." 하고 청하였다. 예수께서는 "죽은 자들의 장례는 죽은 자들에게 맡겨 두고 너는 가서 하나님 나라의 소식을 전하여라." 하셨다.

또 한 사람은 "선생님, 저는 선생님을 따르겠습니다. 그러나 먼저 집에 가서 식구들과 작별 인사를 나누게 해 주십시오." 하고 말하였다. 예수께서는 "쟁기를 잡고 뒤를 자꾸 돌아다 보는 사람은 하나님 나라에 들어갈 자격이 없다." 하고 말씀하셨다.

_누가복음, 9:57~62

복음서 가운데 등장하는 예수는 하나님의 아들이자, 하나님 자신이며, 우리 각자의 본성, 우리의 본래면목입니다. 예수를 지금의 우리와는 상관없이 시간적으로 공간적으로 떨어져 있는 별개의 존재로 상정하는 까닭에, 복음서의 가르침이 우리 각자의 삶 속에서 실현되지 않는 것입니다.

예수는 진리, 곧 참나입니다. (침묵)

어떻게 하면 그를, 그의 길을 따를 수 있겠습니까? 예수는 말합니다. "여우도 굴이 있고 하늘의 새도 보금자리가 있지만 사람의 아들은 머리 둘 곳조차 없다."고. 진리는, 참나는, 하나님은 정해진 주소, 머무는 곳이 없습니다. 그러므로 언제나 어디에나 존재합니다. 그는 '없이 계신 이', 존재 자체입니다.

(잠시 묵상)

조동종(曹洞宗)의 개조(開祖)인 동산(洞山) 스님은 깨달음을 얻고 다음과 같은 시를 지었습니다.

절대로 남에게서 찾지 말지니
점점 더 나와는 멀어지네.
나는 이제 홀로 가지만

곳곳에서 그를 만나네.
그는 이제 바로 나이지만
나는 이제 그가 아니네.
모름지기 이와 같이 알아야
비로소 여여함에 계합하리라.

예수를, 하나님을, 진리를, 참나를 남에게서, 바깥에서 찾지 마십시오. 스스로 홀로 될 때, 나 이외에 아무것도 남겨 두지 않을 때, 보고 듣고 느끼고 아는 모든 것에서 그를 만나게 될 것입니다. 그렇게 애타게 찾던 예수, 하나님, 진리, 참나가 바로 나이지만, 나는 그러한 이름과 개념에 제한되지 않습니다. 모름지기 이와 같이 깨달아야 비로소 변함없는 진리와 하나가 될 것입니다.

예수를, 하나님을, 진리를, 참나를 따르라고 하면 사람들은 곧장 그 말씀을 따라나서지 못하고 머뭇거립니다. 그들은 홀로 있지 못하기 때문입니다. 그들에게는 딸린 가족과 친구가 너무나 많습니다. 나 아닌 것들, 죽은 것들, 과거의 것들에 매달려 있습니다. 사물, 관계, 생각, 감정, 느낌에 얽매어 영원한 현재, 살아 있는 지금을 놓칩니다. 분리와 단절 속에 살아갑니다.

죽은 자들의 문제는 죽은 자들에게 맡겨 두면 됩니다. 이미 죽은 것, 지나간 것을 되살릴 필요는 없습니다. 죽은 것을 되살릴 때 그 것은 끔찍한 악몽, 재난이 될 뿐입니다. 쟁기를 잡고 뒤를 돌아보면 똑바로 앞을 향해 나아갈 수 없습니다. 쟁기 칼날이 흙에 맞닿아 아직 두 개의 고랑으로 나뉘기 이전 자리, 한 생각이 일어나 주객으로 나뉘기 이전의 자리에 활발발한 생명이 있습니다.

영원한 현재, 살아 있는 지금, 존재가 있습니다.

(잠시 묵상)

그를 따르십시오.

20. 오병이어(五餠二魚)의 기적

그 뒤 예수께서는 갈릴래아 호수 곧 티베리아 호수 건너편으로 가셨는데 많은 사람이 떼를 지어 예수를 따라갔다. 그들은 예수께서 병자들을 고쳐 주신 기적을 보았던 것이다.

예수께서는 산등성이에 오르셔서 제자들과 함께 자리 잡고 앉으셨다. 유다인들의 명절인 과월절이 이제 얼마 남지 않은 때였다. 예수께서는 큰 군중이 자기에게 몰려오는 것을 보시고 필립보에게 "이 사람들을 다 먹일 만한 빵을 우리가 어디서 사 올 수 있겠느냐?" 하고 물으셨다.

이것은 단지 필립보의 속을 떠보려고 하신 말씀이었고, 예수께서는 하실 일을 이미 마음속에 작정하고 계셨던 것이다. 필립보는 "이 사람들에게 빵을 조금씩이라도 먹이자면 이백 데나리온어치를 사 온다 해도 모자라겠습니다." 하고 대답하였다.

제자 중의 하나이며 시몬 베드로의 동생인 안드레아는 "여기 웬 아이가 보리빵 다섯 개와 작은 물고기 두 마리를 가지고 있습니다마는 이렇게 많은 사람에게 그것이 무슨 소용이 되겠습니까?" 하고 말하였다.

예수께서 그들에게 "사람들을 모두 앉혀라." 하고 분부하셨다. 마침 그곳에는 풀이 많았는데 거기에 앉은 사람은 남자만 약 오천 명이나 되었다. 그때 예수께서는 손에 빵을 드시고 감사의 기도를 올리신 다음 거기에 앉아 있는 사람들에게 달라는 대로 나누어 주시고 다시 물고기도 그와 같이 하여 나누어 주셨다. 사람들이 모두 배불리 먹고 난 뒤에 예수께서는 제자들에게 "조금도 버리지 말고 남은 조각을 다 모아들여라." 하고 이르셨다. 그래서 보리빵 다섯 개를 먹고 남은 부스러기를 제자들이 모았더니 열두 광주리에 가득 찼다.

_요한복음, 6:1~13

모양이 있는 것은 유한하지만, 모양이 없는 것은 무한합니다. 그런데 모양이 있는 것은 모양이 없는 것에서 나왔습니다. 유한은 무한에서 나왔습니다. 겉으로 보기에 모양 있는 것은 실제로는 모양 없는 것입니다. 유한한 것처럼 보이는 모든 사물이 사실은 무한한 것입니다.

그러므로 세상의 재화는, 필요의 입장에서 보면, 넉넉합니다. 기존의 있는 것만 나누어도 모두가 자기에게 필요한 만큼 가질 수 있습니다. 그러나 탐욕의 입장에서 보면, 세상의 재화는 언제나 부족합니다. 채워도 채워도 채워지지 않는 결핍이 탐욕의 본질입니다.

모양이 있는 것은 모두 상대적입니다. 나와 남, 크다와 작다, 많다와 적다, 길다와 짧다 등의 상대적 차별을 피할 수 없습니다. 그러나 모양이 없는 것은 그러한 상대적 차별이 없습니다. 나와 남, 크다와 작다, 많다와 적다, 길다와 짧다가 그 본질에 있어서는 다르지 않습니다.

예수의 제자들은 모양이 있는 것만 볼 수 있었을 뿐, 모양 있는 것의 본질이 실제로는 모양 없는 것이라는 진실을 볼 수 없었습니다. 보리빵 다섯 개와 물고기 두 마리의 모양에 가로막혀 모양 없는 것의 무한함, 나누고 나누어도 전혀 모자람이 없는 진실을 깨닫지 못했습니다.

《무문관》에 다음과 같은 공안이 있습니다.

구지(俱胝) 스님은 누가 무엇을 물어 올 때마다 오직 손가락 하나만 들어 보였다. 나중에 구지 스님 처소에 있던 어떤 동자에게 한 방문객이 "화상께서는 어떤 법을 설하시느냐?"라고 묻자, 동자도 역시 손가락을 세워 보였다.
구지가 이를 듣고 급기야 칼로 동자의 손가락을 잘라 버렸다.
동자가 아파서 엉엉 울며 달아나는데 구지가 다시 그를 불렀다.
동자가 머리를 돌리자 이번에는 구지가 손가락을 세워 보였다.
이에 동자는 문득 깨달았다.

구지가 세상을 떠날 때가 되어서 대중에게 "내가 천룡의 한 손가락 선(禪)을 얻어 일생을 쓰고도 다 쓰지 못했다."라고 말하고는 입적(入寂)하였다.

구지 스님이 평생 쓰고도 다 쓰지 못한 것은 손가락이라는 모양에 있지 않습니다. 그래서 스스로 깨닫지 못하고 흉내만 내는 동자의 손가락을 잘랐던 것입니다. 그렇지만 구지 스님이 평생 쓰고도 다 쓰지 못한 것이 손가락이라는 모양을 떠나서 따로 있는 것도 아닙니다.

오천 명이 넘는 사람들에게 달라는 대로 나누어 주고도 열두 광주리나 남은 기적은 보리빵 다섯 개와 작은 물고기 두 마리에 있지 않습니다. 그래서 누구도 그것을 흉내 낼 수는 없습니다. 그러나 또한 그 기적은 보리빵 다섯 개와 작은 물고기 두 마리를 벗어나서 따로 있지도 않습니다.

구지 스님의 부유함을 이해하려면, 구지 스님이 손가락을 세운 뜻을 깨달아야 합니다. 모양이 있는 것, 유한한 것의 근원을 깨우쳐야 합니다. 마찬가지로 예수가 보리빵 다섯 개와 작은 물고기 두 마리로 오천 명을 먹이신 기적을 이해하려면, 보리빵 다섯 개와 작은 물고기 두 마리의 본질을 깨달아야 합니다.

(잠시 묵상)

　모양 없는 것, 무한한 것이 모양 있는 것, 유한한 것으로 자기를 드러냅니다. 어떤 때는 마른 똥 막대기로, 어떤 때는 삼베 세 근으로, 어떤 때는 뜰 앞의 잣나무로, 어떤 때는 손가락을 세워 보이는 것으로, 그리고 어떤 때는 보리빵 다섯 개와 작은 물고기 두 마리로 자신을 현현(顯現)합니다.

　《금강경》에 이르기를, "무릇 모양이 있는 것은 모두 허망하나니, 만약 모든 모양이 모양이 아님을 본다면, 곧장 여래를 보리라." 하였습니다. 보리빵 다섯 개와 작은 물고기 두 마리에서 그 이름과 모양을 제외하면 무엇이 남겠습니까? 보리빵 다섯 개와 작은 물고기 두 마리가 진실로 무엇입니까?

(잠시 묵상)

　부디 모양에 속지 마십시오.

21. 겨자씨의 비유

예수께서 또 말씀하셨다. "하나님 나라를 무엇에 견주며 무엇으로 비유할 수 있을까? 그것은 겨자씨 한 알과 같다. 땅에 심을 때에는 세상의 어떤 씨앗보다도 더욱 작은 것이지만, 심어 놓으면 어떤 푸성귀보다도 더 크게 자라고 큰 가지가 뻗어서 공중의 새들이 그 그늘에 깃들일 만큼 된다."

_마가복음, 4:3~32

조선 시대 함허(涵虛) 선사라는 이가 편집한 《금강경오가해(金剛經五家解)》라는 책에는 다음과 같은 서문이 붙어 있습니다.

여기 한 물건이 있으니
이름과 모양이 끊어졌으되
옛과 지금을 꿰뚫고
한 티끌에 있으되
천지사방을 에워쌌다.
안으로 온갖 미묘한 것들을 머금고

밖으로 온갖 근기에 응하며

하늘과 땅과 사람의 주인 되고

만법의 왕이 된다.

넓고 넓어 그것에 비길 것이 없고

높고 높아 그것에 짝할 것이 없다.

신비하지 아니한가?

고개를 들고 숙이는 사이에 분명하고

보고 듣는 사이에 은은하다.

현묘하지 아니한가?

하늘과 땅보다 먼저지만 그 시작이 없으며

하늘과 땅보다 나중이지만 그 마침이 없다.

텅 빈 것인가?

있는 것인가?

나는 그 까닭을 알지 못하겠다.

여기에 한 물건이 있습니다. 오직 한 물건만 있습니다. 한 물건이 하늘과 땅, 사람을 머금고 있습니다. 한 물건이 과거와 현재, 미래를 포함하고 있습니다. 가고 머물고 앉고 눕는 가운데 이 한 물건이 분명하고, 말하고 침묵하고 움직이고 가만히 있는 가운데 이 한 물건이 작용하고 있습니다.

언제부터 이 한 물건이 있었는지 그 시작을 알 수 없고, 언제 이

한 물건이 사라지는지 그 끝을 알 수 없습니다. 있는 것 같지만 찾아보면 없고, 없는 것 같지만 지금 이렇게 있습니다. 그 속을 보려 해도 안이 없고, 그 겉을 보려 해도 밖이 없습니다. 티끌보다 작지만, 허공보다 큽니다.

이것이 무엇일까요?

(잠시 묵상)

예수는 하나님 나라를 가장 작은 겨자씨에 비유했습니다. 하나님 나라, 이 한 물건은 어찌 보면 가장 사소하고 하찮은 것일 수 있습니다. 우리의 상식과 달리 가장 중요한 것, 가장 고귀한 것은 흔해 빠진 것입니다. 이른바 희소가치란 인간의 전도된 가치 판단에서 비롯된 환상입니다.

희귀한 다이아몬드가 우리 생명과 무슨 상관이 있니까? 당장 우리 목숨을 살리고 있는 것은 아무 비용도 치르지 않으면서 숨 쉬고 있는 허공입니다. 진리는 마치 허공과 같이 무소부재한 것, 너무나 당연하고 자연스러워서 우리가 미처 그 진가를 깨닫지 못하고 있는 것이라 할 수 있습니다.

세속적인 눈으로는 결코 이미 도래해 있는 하나님 나라를 볼 수 없습니다. 세속적인 눈에는 이 진실이 너무나 사소하고 미약하게 보이는 까닭에, 이것이 자신들이 관념으로 그리고 있는 그 하나님 나라라고 믿지 못합니다. 믿음의 씨앗이 마음 땅에 심어져야 비로소 하나님 나라가 드러날 수 있습니다.

(잠시 묵상)

사람마다 그가 소유한 것들과 상관없이 평등한 것은 무엇일까요? 그의 의지와 능력과 상관없이 결코 변함없는 것은 무엇일까요? 바로 지금 여기 이 순간 이 자리에 있음 아닐까요? 아무 내용 없는 존재, 현존 아닐까요? 비교 불가능한 생명, 이렇게 살아 있음, 의식이 있다는 사실 아닐까요?

'누가', '무엇'으로 존재하는 것이 아니라 그저 존재하고 있음. '누가', '무엇'을 의식하는 것이 아니라 그저 의식하고 있음. '누가', '어떻게' 살아가느냐가 아니라 그저 살아 있음. 한 생각 일으켜 이해할 필요가 없을 정도로 평범하고 당연한 이 사소한 사실이야말로 진리라는 이름으로 부를 만한 것이 아닐까요?

처음 이 진실에 눈 뜨는 것은 겨자씨만큼이나 작은 일이지만, 시

119

간이 지날수록 이 존재, 이 의식, 이 생명이 나머지가 없는 전체로 확장됩니다. 모든 상대적인 차별을 아우르면서 절대적인 평등이 실현됩니다. 절대적으로 평등하지만, 그것을 지키지 않고 자유롭게 상대적인 차별을 드러냅니다.

온 우주가 하나의 존재, 하나의 의식, 하나의 생명입니다.

(잠시 묵상)

바로 여러분 자신의 존재, 여러분 자신의 의식, 여러분 자신의 생명입니다.

(침묵)

22. 나를 먹고 마셔라

예수께서는 다시 이렇게 말씀하셨다. "정말 잘 들어 두어라. 만일 너희가 사람의 아들의 살과 피를 먹고 마시지 않으면 너희 안에 생명을 간직하지 못할 것이다.

그러나 내 살을 먹고 내 피를 마시는 사람은 영원한 생명을 누릴 것이며 내가 마지막 날에 그를 살릴 것이다. 내 살은 참된 양식이며 내 피는 참된 음료이기 때문이다.

내 살을 먹고 내 피를 마시는 사람은 내 안에서 살고 나도 그 안에서 산다. 살아 계신 아버지께서 나를 보내셨고 내가 아버지의 힘으로 사는 것과 같이 나를 먹는 사람도 나의 힘으로 살 것이다.

이것이 바로 하늘에서 내려온 빵이다. 이 빵은 너희의 조상들이 먹고도 결국 죽어 간 그런 빵이 아니다. 이 빵을 먹는 사람은 영원히 살 것이다."

_요한복음, 6:53~58

예수의 살과 피를 일러 성체(聖體), 곧 성스러운 몸이라 일컫습니다. 성체는 다시 말해 진리의 바탕, 모든 것의 바탕인 진리를 의미합니다. 그것은 바로 하나님 아버지의 몸이자, 그에게서 나온 사람의 아들의 몸이며, 바로 우리 자신의 진정한 정체성이기도 합니다. 그것은 영원한 생명입니다.

그것을 바로 '나'라고 합니다.

(잠시 묵상)

우리는 흔히 남들과 구별되는 특정한 형태와 개성을 지닌 몸과 마음을 '나'라고 착각합니다. 빵과 포도주와 같은 음식물에 의지하여 목숨을 부지하는 것을 '나'라고 잘못 알고 있습니다. 자기 자신이 본래 태어난 바 없고, 그러므로 죽는 바 없는 영원한 생명, 진리의 몸, 절대적 존재로서의 '나'인 줄 모릅니다.

바로 지금 여기 몸과 마음으로서의 '나'를 비롯하여 온갖 만물의 존재를 드러내는 존재, 의식, 생명으로서의 '나'가 있습니다. 이 '나'는 비인격적인 '나'입니다. 모든 의식 있는 존재의 자기 동일성의 근거, 정체성의 근거가 바로 이 '나'입니다. 모든 존재, 의식, 생명의 근거입니다.

이 '나'를 맛보는 자는 분명 죽지만 죽지 않습니다. 몸과 마음으로서의 '나'는 죽고, 영원한 생명으로서의 '나'로 되살아납니다. 그렇게 죽었다 살아나야, 여전히 몸과 마음으로서의 '나'로 살아가지만 진실로 살아 있는 것은 영원한 생명으로서의 '나'임을 비로소 깨닫게 됩니다.

이 '나'를 먹고 마시십시오.

(잠시 묵상)

'나'가 '나'를 먹고 마셔야 합니다.

(침묵)

23. 아는 사람은 보지 못하는 것

바로 그때에 예수께서 성령을 받아 기쁨에 넘쳐서 이렇게 말씀하셨다.

"하늘과 땅의 주님이신 아버지, 지혜롭다는 사람들과 똑똑하다는 사람들에게는 이 모든 것을 감추시고 오히려 철부지 어린이들에게 나타내 보이시니 감사합니다. 그렇습니다. 아버지! 이것이 아버지께서 원하신 뜻이었습니다.

아버지께서는 모든 것을 저에게 맡겨 주셨습니다. 아들이 누구인지는 아버지만이 아시고 또 아버지가 누구신지는 아들과 또 그가 아버지를 계시하려고 택한 사람만이 알 수 있습니다."

_누가복음, 10:21~22

이 일의 신비, 이 일의 역설은 이른바 세속적인 입장에서 지혜롭고 똑똑하다는 사람들일수록 이 일을 제대로 보지도 못하고 깨닫지도 못한다는 사실입니다. 그들의 '아는 것'이 바로 지금 여기 있는 그대로 드러나 있는 이 일을 보지 못하고 깨닫지 못하게 방해합니다. 오히려 스스로 아무것도 모른다고 여기는 순수한 사람들은 이미 드러나 있는 이 일을 어렵지 않게 보고 깨달을 수 있습니다.

'아는 것'이란 과거의 것, 죽은 것, 수단과 방편입니다. 이 일, 이 생명, 이 진실, 하나님과 그 나라는 언제나 바로 지금 여기 이 순간 이 자리에 살아서 작용하고 있는 것입니다. 언제나 새롭고 어디서나 신선한 것으로, 이해할 수 있는 대상이 아닙니다. 이것을 이해하는 순간, 살아 있는 진실이 더이상 생명력이 없는 박제가 되고 맙니다. 진리는 알 수는 없지만 분명 존재하는 것, 소유할 수 없지만 분명 살아 있는 것입니다.

(잠시 묵상)

자기를 비우고 낮추는 사람들에게는 숨김없이 나타나 있지만, 자기를 채우고 높이려는 사람들에게는 모습을 감추고 숨은 것처럼 보입니다. 단순하고 어리석은 사람들에게는 바로 지금 여기 이 순간 이 자리 모든 것이 그것이지만, 복잡하고 똑똑한 사람들에게는 바로 지금 여기 이 순간 이 자리 어떤 것도 그것이 아닙니다. 믿고 맡기는 사람들은 언제나 그것을 맛보고 경험하고 누리고 쓰지만, 생각에 의지하는 사람들은 언제나 이것을 목말라하고 그리워할 뿐입니다.

'아는 것'에 가로막혀 '아는 것'보다 훨씬 광대한 것의 존재를 깨닫지 못하는 어리석음을 저질러서는 안 됩니다. '아는 것'의 배경에는 그것을 감싸 안고 그것을 드러내고 있는 '모르는 것'이 있습니다. 이 '모르는 것'은 정말로 모르는 것입니다. '아는 것'은 이 '모르는 것'에 비하면 우주 가운데의 먼지 티끌만도 못한 것입니다. 이 '모르는 것' 앞에서 '아는 것'이 사라져야 합니다. 이 '모르는 것' 속으로 '아는 것'들이 녹아들어 가야 합니다. 그리하여 완전히 모를 때, 완전히 알게 됩니다. 알고 모름이라는 상대적 분별을 넘어서게 됩니다.

(잠시 묵상)

《법화경》〈방편품〉에 이르기를, "오직 부처님과 부처님만이 모든 법의 실상을 다 알 수 있다."고 하였습니다. 오직 깨달은 자만이 깨달음의 실상을 알 수 있습니다. 아들이 누구인지는 그 아버지만이 알고, 아버지가 누구인지는 그 아들만이 알 수 있습니다. 오직 진리를 실현한 자만이 진리를 알 수 있습니다. 하나님을 체험한 사람만이 하나님을 알 수 있습니다. '아는 것'을 넘어서서 '모르는 것'과 하나가 된 사람만이 상대적 분별 너머의 진실을 알 수 있습니다.

알고 싶어도 도무지 알 수 없는 한 가지가 있습니다. 바로 지금 이 순간 보고 듣고 느끼고 아는 '나'는 무엇입니까? '나'가 보고 듣고 느끼고 아는 것은 알 수 있습니다. 그런데 그러한 '아는 것'의 바탕, 그것들을 아는 '나'는 도대체 무엇입니까? 바로 지금 내 눈을 통해서 보고 있는 '나'를 볼 수 있습니까? 내 귀를 통해서 듣고 있는 '나'를 들을 수 있습니까? 내 몸을 통해서 느끼고 있는 '나'를 느낄 수 있습니까? 내 생각을 통해서 알고 있는 '나'를 알 수 있습니까? 이 '나'는 볼 수도, 들을 수도, 느낄 수도, 알 수도 없습니다.

이 '나'가 무엇입니까?

(잠시 묵상)

'나'를 알았다고 한다면, 그것은 '아는 것'에 불과합니다. 그것은 죽은 것, 과거의 것, 박제일 뿐입니다. 그것을 아는 '나'는 다시 무엇입니까? 알고 싶지만 도무지 알 수가 없고, 모르고 싶어도 도대체 모를 수도 없습니다. 아는 것도 아니고, 모르는 것도 아닙니다.

이것이 무엇입니까?

(침묵)

24. 간음한 여자의 비유

다음 날 이른 아침에 예수께서 또다시 성전에 나타나셨다. 그러자 많은 사람들이 몰려들었기 때문에 예수께서는 그들 앞에 앉아 가르치기 시작하셨다.

그때에 율법 학자들과 바리사이파 사람들이 간음하다 잡힌 여자 한 사람을 데리고 와서 앞에 내세우고 "선생님, 이 여자가 간음하다가 현장에서 잡혔습니다. 우리의 모세 법에는 이런 죄를 범한 여자는 돌로 쳐 죽이라고 하였는데 선생님 생각은 어떻습니까?" 하고 물었다.

그들은 예수께 올가미를 씌워 고발할 구실을 찾으려고 이런 말을 하였던 것이다. 그러나 예수께서는 몸을 굽혀 손가락으로 땅바닥에 무엇인가 쓰고 계셨다.

그들이 하도 대답을 재촉하므로 예수께서는 고개를 드시고 "너희 중에 누구든지 죄 없는 사람이 먼저 저 여자를 돌로 쳐라." 하시고 다시 몸을 굽혀 계속해서 땅바닥에 무엇인가 쓰셨다.

그들은 이 말씀을 듣자 나이 많은 사람부터 하나하나 가 버리고 마침내 예수 앞에는 그 한가운데 서 있던 여자만이 남아 있었다.

예수께서 고개를 드시고 그 여자에게 "그들은 다 어디 있느냐?
너의 죄를 묻던 사람은 아무도 없느냐?" 하고 물으셨다.

"아무도 없습니다, 주님." 그 여자가 이렇게 대답하자 예수께서
는 "나도 네 죄를 묻지 않겠다. 어서 돌아가라. 그리고 이제부터
다시는 죄짓지 말라." 하고 말씀하셨다.

_요한복음, 8:2~11

절집에서 흔히 암송되는 《천수경》에 다음과 같은 게송이 있습니
다.

　죄는 자성(自性) 없어 마음 따라 일어나니
　마음이 사라지면 죄도 함께 없어지네.
　모든 죄 없어지고 마음조차 사라져서
　죄와 마음 공해지면 진정한 참회(懺悔)라네.

우리의 일반적 상식과 달리 죄(罪)라고 하는 것은 자성(自性), 곧
독립적인 실체가 없습니다. 죄뿐만 아니라 일체 현상, 모든 대상
역시 자성이 없습니다. 다만 온갖 인연, 여러 가지 조건의 화합으
로 마치 있는 것처럼 여겨질 뿐입니다. 그래서 모든 것이 꿈이나
환상처럼 무상하고 허망한 것입니다.

그러나 모든 행위가 무상하고, 모든 현상에 독립된 실체가 없다

는 사실을 깨닫지 못하면, 행위의 주체인 내가 분명히 따로 있고, 독립적인 실체로서의 대상이 분명히 따로 있어서, 그 사이에서 탐내고 성내고 어리석은 마음이 일어나 몸과 입과 뜻으로 업(業)을 지어 과보(果報)를 받게 됩니다.

간음하다 현장에서 사로잡힌 여인의 죄는 그 여인의 행위를 죄라고 단정하는 율법 학자들과 바리사이파 사람들의 마음을 벗어나서 따로 존재하는 것이 아닙니다. 분열과 분별에서 죄가 비롯되는 것입니다. 분열과 분별, 세속적 입장에서는 죄와 그에 따른 징벌은 마땅하고 당연한 인과응보입니다.

그러나 예수, 진리의 눈에는 죄인(罪人)과 그를 정죄하려는 의인(義人) 사이에 아무런 차이가 없습니다. 오히려 죄인과 의인을 나누고, 율법에 따라 죄를 징벌함으로써 죄를 없앨 수는 없다는 사실을 압니다. 죄인과 의인 모두 실체가 아닌 것을 실체로 집착하는 어리석음에서 비롯되었음을 밝게 볼 뿐입니다.

분별하는 마음은 진리에게 요구합니다. 이것이 옳은 것이냐 저것이 그른 것이냐? 분별하는 마음은 그렇게 함으로써 진리를 분별 속으로 타락시키려 합니다. 이것이 옳다고 하든 저것이 그르다고 하든, 둘 중 하나를 선택하는 순간, 분별 속에 떨어질 수밖에 없는 덫을 마련하고 선택을 강요하는 것입니다.

예수를 올가미에 씌우려는 자들이 선택을 강요할 때, 예수는 아무 말 없이 땅바닥에 무언가를 쓰고 있었습니다. 이것이 무슨 의미일까요?

(잠시 묵상)

석가모니가 보리수 아래서 마군(魔軍)을 물리치고 정각(正覺)을 성취했을 때 땅에 손을 대고 땅의 신을 불러 증인으로 삼았다고 합니다.

바로 지금 여러분의 손을 들어 땅을 만져 보십시오.

(잠시 묵상)

그곳에는 선도 없고, 악도 없고, 나도 없고, 남도 없고, 죄도 없고, 벌도 없습니다. 그러면서 선도 받아들이고, 악도 받아들이고, 나도 받아들이고, 남도 받아들이고, 죄도 받아들이고, 벌도 받아들입니다. 온갖 인연, 모든 대상이 자유롭게 오고 갈 수 있지만, 그 인연과 대상들을 지각하고 수용하는 '무엇'은 오지도 않고 가지도 않습니다. 그 '무엇'이 바로 지금 여기 있습니다.

그러나 분별하는 마음은 쉽게 포기하지 않고 다시 한 번 선택을 강요합니다. 이것이냐, 저것이냐? 바로 그 순간 예수는 분별을 따라가지 않고 전혀 엉뚱한 한 가지 방향을 가리킵니다. "너희 가운데 죄 없는 사람이 먼저 돌로 쳐라." 분별하는 당사자, 선택을 강요하는 본인 자신을 돌아보게 만듭니다. 나와 남을 나누고, 죄와 벌을 나누었던 마음에게 너 자신은 누구냐고 되물은 것입니다.

간음한 여자의 죄는 지금 어디에 있습니까? 죄의 근본은 진실로 어디에 있습니까?

(잠시 묵상)

예수가 땅에 무언가를 쓰고 있는 동안 죄를 묻던 자들, 분별을 강요하던 사람들은 하나둘 사라졌습니다. 마침내 여인만 남아 있자 "너의 죄를 묻던 사람들은 어디에 있느냐?"고 예수가 물었습니다. 여인이 아무도 없다고 대답하자, 예수는 "나도 너의 죄를 묻지 않겠다."고 말했습니다. 그리고 다시 말했습니다. "어서 돌아가라. 그리고 다시는 죄를 짓지 말라."

돌아가십시오. 회개(悔改)하십시오. 회심(回心)하십시오. 회향(廻向)하십시오. 분열과 분별 이전으로 돌아가십시오.

손으로 땅을 만져 보십시오.

바로 그 자리입니다. 차고 더움이 일어나기 이전, 딱딱하고 부드러움이 일어나기 이전, 바로 그곳이 나와 남이 분열되기 이전, 옳고 그름이 나눠지기 이전입니다. 다시는 대상 경계를 따라 탐내는 마음, 성내는 마음, 어리석은 마음을 일으키지 마십시오. 몸과 입과 뜻으로 업을 지어 과보를 받지 마십시오. 모든 행위는 무상하고, 모든 현상에 독립적인 실체가 없음을 깨달으십시오.

손으로 땅을 만져 보십시오.

(잠시 묵상)

바로 지금 여기입니다.

(침묵)

25. 나에게로 오라

"고생하며 무거운 짐을 지고 허덕이는 사람은 다 나에게로 오너라. 내가 편히 쉬게 하리라. 나는 마음이 온유하고 겸손하니 내 멍에를 메고 나에게 배워라. 그러면 너희의 영혼이 안식을 얻을 것이다. 내 멍에는 편하고 내 짐은 가볍다."

_마태복음, 11:28~30

인생의 괴로움을 구체적인 감각으로 표현하자면 무거움일 것입니다. 견디기 힘든 존재의 무거움, 아니면 가슴 한구석이 턱 막히는 것 같은 답답함, 온몸이 얽매여 갇힌 것과 같은 갑갑함이 우리를 곧 어둡고 음침한 사망의 골짜기로 인도할 것만 같습니다.

막연한 불안과 두려움이 우리 일상에 어두운 배경처럼 자리 잡고 있습니다. 이것을 본능적으로 감지한 사람은 다음과 같은 탄식을 내뱉지 않을 수 없습니다. "오호라, 나는 곤고(困苦)한 사람이로다. 이 사망의 몸에서 누가 나를 건져내랴."(개역한글판, 로마서,

7:24)

예수가 말했습니다. "고생하며 무거운 짐을 지고 허덕이는 사람은 다 나에게로 오너라." 이런 말씀을 듣게 되면 우리는 십중팔구 여기서 말하는 '나'는 다름 아닌 '예수' 자신을 가리킨다고 여기고, 예수를 좇아야, 예수를 믿고 따라야 구원을 받는다고 생각하기 일쑤입니다.

그러나 종교 경전은 그렇게 문자 그대로, 축자적(逐字的)으로 읽어서는 안 됩니다. 종교 경전은 진리를 드러내고 진리를 전달하려는 목적으로 기록된 것입니다. 그런데 진리란 그 경전을 읽고 있는 당사자를 떠나 따로 있는 것이 아닙니다. 나 자신이 바로 진리라는 사실을 깨우쳐 주는 것이 경전입니다.

(잠시 묵상)

복음에서 말하고 있는 '나'는 예수의 '나'이면서 동시에 우리 모두의 '나'입니다. 이 세상에 '나'는 오직 하나밖에 없습니다. 아니, 이 세상이 바로 '나'입니다. 그것을 일컬어 '하나님'이라고도 합니다. 어디에도 의지하지 않고 제 스스로 존재하면서 다른 모든 것을 창조하는 것이 바로 '나'입니다.

고생하며 무거운 짐을 지고 허덕이는 사람은 다 '나'에게로 오십시오. 내가 편히 쉬게 할 것입니다. '나'는 마음이 온유하고 겸손하니 내 멍에를 메고 '나'에게 배우십시오. 그러면 여러분의 영혼이 안식을 얻을 것입니다. 내 멍에는 편하고 내 짐은 가볍습니다. '나'에게는 멍에도 없고 짐도 없기 때문입니다.

(잠시 묵상)

'나'는 어느 누구도 아니고, 어떤 무엇도 아닙니다. 하지만 모든 대상의 유일한 목격자, 모든 사건의 유일한 증인이 바로 '나'입니다. 모든 일을 다 보고 다 알지만, '나' 자신을 보거나 알 수는 없습니다. '나' 자신에게는 더 가까이 다가갈 수도 없고, 더 멀리 벗어날 수도 없습니다.

이 사실을 분명히 깨닫는 순간, 일체가 '나' 아닌 것이 없습니다. 모든 것이 '나'와 다름 아니기 때문에 이것만이 '나'라고 할 것이 사라집니다. 그 순간 '나'와 '나' 아닌 것 사이의 분리와 분열, 분별로 생긴 대립, 갈등, 투쟁, 불화가 사라집니다. 본래 갖추어진 만족과 평화, 영혼의 안식이 찾아옵니다.

(잠시 묵상)

달마(達磨)가 벽을 바라보고 있는데 혜가(慧可)가 눈 속에 서서 팔을 끊고 말했습니다.

"제 마음이 편안하지 못하오니 바라옵건대 스승께서 제 마음을 편안하게 해 주십시오."

"마음을 가지고 오너라. 너를 위해 편안하게 해 주겠다."

"마음을 찾아보았으나 찾을 수가 없습니다."

달마가 말했습니다.

"너의 마음을 이미 편안하게 해 주었다."

(잠시 묵상)

앞에서 인생 괴로움의 구체적 감각은 무거움, 답답함, 갑갑함, 알 수 없는 불안과 두려움이라고 했습니다. 우리는 흔히 마음이 무겁다, 마음이 답답하다, 마음이 갑갑하다, 마음이 불안하다, 마음이 두렵다고 합니다. 혜가 역시 그러해서 달마에게 자신의 마음을 편안하게 해 달라고 부탁했습니다.

그런데 달마는 무겁고 답답하고 갑갑하고 불안하고 두려운 마음을 편안하게 해 주는 대신, 그 '마음'이라는 것을 가져오라고 했습니다. 겉으로 드러난 무거움, 답답함, 갑갑함, 불안, 두려움이라는 감각을 좇던 혜가 자신으로 하여금 시선을 돌려 '마음'이라는 것의 실체를 찾도록 해 주었습니다.

여러분도 찾아보십시오. 어떤 것이 '마음' 자체입니까? '마음'이라는 것이 도대체 무엇이기에 어떤 때는 불안했다가 어떤 때는 편안해지는 것입니까? '이것이 바로 마음이다'라고 할 만한 것을 찾았습니까? 만약 '마음'이라는 것을 찾을 수 없다면, 그 없는 '마음'이 어찌 불안했다가 편안해질 수 있겠습니까?

'나'라고 할 것이 따로 없다면 어찌 그 없는 '나'가 고생하며 무거운 짐을 지고 허덕일 수 있겠습니까? '나'라고 할 만한 것이 없음을 깨닫는 순간, 이미 '나'에게로 온 것입니다. 더이상의 방황을 그치고 편히 쉬게 되는 것입니다. 모든 멍에와 짐을 벗고 영혼이 안식을 얻게 되는 것입니다.

'마음'은 어디에 있습니까? '나'는 어디에 있습니까?

그 무엇보다 당신은 지금 어디에 있습니까?

(침묵)

26. 기적을 바라는 사람들

바리사이파 사람들이 와서 예수의 속을 떠보려고 하나님의 인정을 받은 표가 될 만한 기적을 보여 달라고 하면서 말을 걸어왔다. 예수께서는 마음속으로 깊이 탄식하시며 "어찌하여 이 세대가 기적을 보여 달라고 하는가! 나는 분명히 말한다. 이 세대에 보여 줄 징조는 하나도 없다." 하시고는 그들을 떠나 다시 배를 타고 바다 건너편으로 가셨다.

_마가복음, 8:11~13

많은 사람이 자신에게나 타인에게나 구원이나 은총, 깨달음의 증표, 증거를 요구합니다. 그 불신(不信)의 밑바닥에는 뿌리 깊은 분리의 감각, 분별의식이 자리 잡고 있습니다. 나는 독립적인 개체, 타인과 구별되는 개성을 가진 개인이라는 자의식이 자리 잡고 있습니다. 그래서 진리, 하나님, 깨달음은 바로 지금 여기의 나와 떨어져 있다고 믿습니다.

그러므로 어떤 특별한 경험, 어떤 신비한 체험을 통해 얻은 감각이나 통찰에 의지하여 자신이 구원받았음을, 은총을 입었음을, 깨달음을 얻었음을 확인하고 싶어 합니다. 다시 말해, 자기가 구원받았음을, 은총을 입었음을, 깨달음을 얻었음을 자기가 아닌 다른 객관적인 것들이 증명해 주기를 바랍니다. 그런 까닭에 자기 자신은 망각하고는 나타났다가 사라지는 경계를 뒤쫓게 됩니다.

내가 황금을 얻었다고 해서 나 자신이 곧 황금인 것은 아닙니다. 내가 황금을 잃어버렸다고 해서 나 자신이 사라지는 것도 아닙니다. 나 아닌 것들은 나타났다 사라지고, 왔다가 가 버리지만, 나 자신은 나타난 적도 없고 그러기에 사라지지도 않으며, 온 적도 없고 따라서 가지도 않습니다. 언제 어디서나 늘 바로 지금 여기 이 순간 이 자리 눈앞에 있습니다.

이 '나'야말로 기적입니다.

(잠시 묵상)

이 '나'는 가장 거대한 불가사의입니다. 생각보다 앞서 이 '나'가 있습니다. 이 '나'야말로 천지창조 이전, 아브라함 이전, 시작도 없고 끝도 없는 무한, 영원입니다. 이 '나'는 절대로 생각을 통해서, 시간을 통해서 알거나 경험할 수 없습니다. 왜냐하면 '나'는 어떤 대상과도 분리, 분열되지 않았기 때문입니다. 어떤 것도 '나'는 아니지만, '나'는 모든 것입니다.

'나'는 눈을 통해 보지만, 눈을 통해 '나'를 볼 수는 없습니다.
'나'는 귀를 통해 듣지만, 귀를 통해 '나'를 들을 수는 없습니다.
'나'는 코를 통해 냄새 맡지만, 코를 통해 '나'를 냄새 맡을 수는 없습니다.
'나'는 혀를 통해 맛보지만, 혀를 통해 '나'를 맛볼 수는 없습니다.
'나'는 몸을 통해 느끼지만, 몸을 통해 '나'를 느낄 수는 없습니다.
'나'는 생각을 통해 알지만, 생각을 통해 '나'를 알 수는 없습니다.

그러나 보고 듣고 냄새 맡고 맛보고 느끼고 안 모든 것이 '나'를 벗어나 따로 있는 것은 아닙니다. 모든 것이 '나'이지만, '나'라고 할 만한 것은 따로 없습니다. 안도 없고 바깥도 없습니다. 위도 없고 아래도 없습니다. 있지만 없고, 없지만 분명 있습니다. 둘 없는 하나, 하나마저 없는 둘로서 있습니다. 없음마저 감싸 안고 있는 있음이며, 있음마저 집어삼킨 없음입니다.

너무나 단순하고 너무나 평범합니다. 너무나 당연하고 너무나 자연스럽습니다. 찾기 이전에 이미 얻었고, 출발하기 이전에 이미 도달하였습니다. 그래서 이것을 '구원'이라고 합니다. 그래서 이것을 '은총'이라고 합니다. 그래서 이것을 '사랑'이라고 합니다. 그래서 이것을 '자비'라고 합니다. 그래서 이것을 '깨달음'이라고 합니다. 오로지 이것만 있으므로, 오히려 이것마저 없는 것입니다.

바로 이것이 기적입니다.

(침묵)

27. 참 좋은 몫

예수의 일행이 여행하다가 어떤 마을에 들렀는데 마르타라는 여자가 자기 집에 예수를 모셔 들였다. 그에게는 마리아라는 동생이 있었는데 마리아는 주님의 발치에 앉아서 말씀을 듣고 있었다.

시중드는 일에 경황이 없던 마르타는 예수께 와서 "주님, 제 동생이 저에게만 일을 떠맡기는데 이것을 보시고도 가만두십니까? 마리아더러 저를 좀 거들어 주라고 일러 주십시오." 하고 말하였다.

그러나 주께서는 이렇게 대답하셨다. "마르타, 마르타, 너는 많은 일에 다 마음을 쓰며 걱정하지만 실상 필요한 것은 한 가지뿐이다. 마리아는 참 좋은 몫을 택했다. 그것을 빼앗아서는 안 된다."

_누가복음, 10:38~42

진리, 하나님, 예수, 도, 깨달음, 그 이름이 무엇이든 그것은 바로 지금 여기 우리와 함께 있습니다. 사실은 우리 자신의 본래 모습, 본성, 본질이 바로 그것입니다. 우리를 둘러싼 세상의 본래 모습, 본성, 본질 역시 바로 그것입니다. 오직 진리, 오직 하나님, 오직 예수, 오직 도(道), 오직 깨달음밖에 없습니다. 따라서 그러한 이름으로 부를 수 있는 그것은 없는 것과 마찬가지입니다. 오직 하나뿐이라면 그 하나를 알 다른 것이 없기 때문입니다.

이 사실을 깨닫지 못하면 언제나 둘을 만들어 그 가운데 하나를 자기로 삼고, 나머지 하나를 대상으로 삼아 그 둘 사이의 게임을 멈추지 못합니다. 있다/없다, 안다/모른다, 옳다/그르다, 좋다/나쁘다 등등 모든 상대적 차별 가운데서 분별과 취사선택을 멈추지 못합니다. 그리고 그 결과에 따라 기쁨/슬픔, 행복/불행, 만족/불만족의 또 다른 차별, 분별, 취사선택을 일으키게 됩니다. 끝없는 이원성의 쳇바퀴 속에서 아까운 목숨을 소진합니다.

《달마혈맥론》에 이르기를, "밖으로 온갖 인연을 쉬고 안으로 헐떡임이 없으면, 마음이 마치 장벽과 같아 도에 들어갈 수 있다."고 하였습니다. 내면과 외면, 안팎으로 대상 경계에 끄달리는 마음의 움직임이 멈출 때 비로소 항상 있었던 것, 대상 경계의 변화와 상관없이 존재하는 자기 자신의 본래 면목, 본성, 본질을 깨달을 수 있습니다. 대상 경계를 좇던 마음과 주의를 그 마음과 주의 자체로 되돌려 보십시오. 회개, 회심하십시오.

너희는 가만히 있어 내가 하나님 됨을 알지어다.(개역한글판, 시편, 46:10)

(잠시 묵상)

세상에는 마르타와 같은 이들이 너무나 많습니다. 그들은 많은 일에 마음을 쓰며 걱정하지만 실상 필요한 것은 오직 한 가지뿐이라는 사실을 모르고 있습니다. 하나님을, 예수를, 진리 그 자체를 자신의 집에 모셔 들여놓고도 그의 시중을 드느라 경황이 없습니다. 그를 제단 위에 모시고 숭배하고 찬양하고, 그를 위한 교단(敎團)과 교리(敎理)를 만들기에 여념이 없습니다. 그럼으로써 그 대가로 그의 축복을, 그의 은총을, 그의 자비를, 자기만족을 얻으려 합니다.

아아, 어리석은 사람들! 하나님은, 예수는, 진리 그 자체는 아무것도 부족한 것도, 필요한 것도 없다는 사실을 그들은 알지 못합니다. 마리아는 참 좋은 몫을 택했습니다. 하나님께, 예수에게, 진리 그 자체인 말씀에 그저 귀 기울였습니다. 함께 존재했습니다. 그리하여 하나님, 예수, 진리 그 자체에 녹아들어 가 하나가 되었습니다. 그것이 바로 '신성한 결혼'의 신비입니다. 물 한 방울이 자기를 포기하고 거대한 바다와 하나가 되어 버리는 것입니다.

너희는 가만히 있어 내가 하나님 됨을 알지어다.

바로 지금 여기, 자기 자신의 침묵 가운데 신비의 문, 생명에 이르는 길이 있습니다.

(침묵)

28. 눈먼 사람

눈멀었던 사람이 유다인들의 회당에서 쫓겨났다는 말을 들으시고 예수께서 그를 만났을 때에 "너는 사람의 아들을 믿느냐?" 하고 물으셨다. "선생님, 믿겠습니다. 어느 분이십니까?" 하고 대답하자 예수께서 "너는 이미 그를 보았다. 지금 너와 말하고 있는 사람이 바로 그 사람이다." 하고 말씀하셨다. "주님, 믿습니다." 하며 그는 예수 앞에 꿇어 엎드렸다.

예수께서는 "내가 이 세상에 온 것은 보는 사람과 못 보는 사람을 가려, 못 보는 사람은 보게 하고 보는 사람은 눈멀게 하려는 것이다." 하고 말씀하셨다. 예수와 함께 있던 바리사이파 사람 몇이 이 말씀을 듣고 "그러면 우리들도 눈이 멀었단 말이오?" 하고 대들었다. 예수께서는 "너희가 차라리 눈먼 사람이라면 오히려 죄가 없을 것이다. 그러나 너희는 지금 눈이 잘 보인다고 하니 너희의 죄는 그대로 남아 있다." 하고 대답하셨다.

_요한복음, 9:35~41

보는 것은 직접적이고 구체적인 경험입니다. 바로 지금 이 자리

에서 분명하게 보고 있는 것은 생각을 통해 이해할 필요가 없습니다. 진리는 그것 이외에 다른 증거나 증명을 필요로 하지 않습니다.

바로 지금 가장 분명하고 확실한 것은 무엇입니까?

바로 지금 이 글을 보고 있고, 소리를 듣고 있고, 숨을 쉬고 있고, 느낌과 감정, 생각을 일으키고 있는 것보다 더 직접적이고 구체적인 경험이 있습니까? 자기 자신의 존재를 증명하기 위해 다른 증거가 필요합니까?

바로 이것이 무엇입니까?

(잠시 묵상)

예수가 말했습니다. "내가 이 세상에 온 것은 보는 사람과 못 보는 사람을 가려, 못 보는 사람은 보게 하고 보는 사람은 눈멀게 하려는 것이다." 스스로 보지 못한다고 여기는 사람은 깨우쳐 다시 볼 수 있지만, 스스로 본다고 자부하는 사람은 그 보는 것 때문에 가로막혀 진실을 보지 못합니다.

그러므로 스스로 본다고 자부하는 그 사람의 눈을 멀게 하지 않고서는 진실을 보게 할 수 없습니다. 진실은 보지 않고 보는 것입니다. 보지만 보는 것이 없는 것이 진실입니다. 차라리 눈이 멀면 분별에 떨어지지 않겠지만, 눈이 잘 보이면 분별에 가려 분별 아닌 것을 절대 볼 수 없습니다.

따라서 진실은 믿음으로 봅니다.

(잠시 묵상)

선문(禪門)에 이런 말이 있습니다. "죽은 사람을 완전히 죽여야만 비로소 산 사람을 볼 것이요, 죽은 사람을 완전히 살려야만 비로소 죽은 사람을 볼 것이다."

분별에 떨어지면 살아도 산 사람이 아닌 죽은 송장입니다. 그 죽은 송장의 마지막 분별마저 완전히 죽여야만 비로소 산 사람, 분별 아닌 것을 볼 수 있습니다. 또한 고요한 곳에 떨어져 생각이 완전히 끊어지기만 한 사람 역시 죽은 송장입니다. 그 죽은 송장으로 하여금 생생하게 살아 있는 진리를 깨닫게 해야만 비로소 일체가 평등하여 상대적 분별이 사라진 죽은 사람을 볼 수 있습니다.

어떤 것이 보는 사람의 눈을 멀게 하고, 죽은 사람을 완전히 죽이는 것입니까? 모든 형상은 거짓이고 일체가 헛된 이름일 뿐 실체라고 할 만한 것은 아무것도 없습니다.

어떤 것이 못 보는 사람으로 하여금 보게 하고, 죽은 사람을 완전히 살리는 것입니까? 모든 형상이 그대로 진실이고 일체의 이름이 모두 동일한 사실을 가리키고 있습니다.

(잠시 묵상)

보는 사람의 눈을 멀게 하고, 죽은 사람을 완전히 죽이는 것이 손가락을 오므려 주먹을 쥐는 것이라면, 못 보는 사람으로 하여금 보게 하고, 죽은 사람을 완전히 살리는 것은 주먹을 펴서 손가락을 펼치는 것입니다.

보면 보지 못하고, 보지 못하면 봅니다. 완전히 살아나면 죽고, 완전히 죽으면 살아납니다. 보아도 그 눈이고, 보지 못해도 그 눈입니다. 살아도 그 사람이요, 죽어도 그 사람입니다.

바로 지금 이 눈이고, 바로 지금 이 사람입니다.

(침묵)

29. 십자가의 길

"나를 따르려는 사람은 누구든지 자기를 버리고 제 십자가를 지고 따라야 한다. 제 목숨을 살리려고 하는 사람은 잃을 것이며 나를 위하여 제 목숨을 잃는 사람은 얻을 것이다. 사람이 온 세상을 얻는다 해도 제 목숨을 잃으면 무슨 소용이 있겠느냐? 사람의 목숨을 무엇과 바꾸겠느냐?"

_마태복음, 16:24~26

진리의 길을 가려는 사람은 죽어서 살아나지 못할까 걱정할 것이 아니라, 오히려 살아서 죽지 못할까 걱정해야 합니다. 생각이 치성하게 살아 있는 것이 오히려 죽은 것이요, 치성했던 생각이 죽은 것이 도리어 생명을 얻은 것입니다.

이 진리, 이 있는 그대로의 나, 이 진실을 깨닫고 영접해야 비로소 죽은 사람이 살아나게 됩니다. 과거의 것, 죽은 것에 불과한 생각에서 깨어나 진실로 살아 있는 것, 생각의 출몰과 상관없이 변함

없는 것을 발견해야 합니다.

이 진리의 길, 이 나를 따르려는 사람은 육적인 것은 죽고 영적인 것으로 되살아나야 합니다. 모든 분별되는 모양들의 세계 너머의 모양 없는 진실을 깨달아야 합니다. 기꺼이 자기를 매달 십자가를 지고 이 길을 가야 합니다.

육적인 것, 감각으로 이루어진 신기루 같은 세상에 속지 않아야 합니다. 그러지 않으면 영적인 것, 감각 지각 너머 영원한 세상, 하나님 나라를 발견할 수 없습니다. 바로 지금 여기 이 순간 이 자리를 벗어나게 됩니다.

(잠시 묵상)

감각으로 지각되는 모든 것은 신기루와 같습니다. 감각하는 자도 감각으로 지각되는 신기루요, 감각되는 대상 역시 감각으로 지각되는 신기루입니다. 감각의 내용 역시 감각으로 지각되는 신기루입니다.

그렇다면 감각 자체는 무엇입니까?

예를 들어 '내가 빨간 사과를 본다'고 할 때, 빨간 사과를 보는 '나'도 감각으로 지각되고, 내가 보는 '빨간 사과'도 감각으로 지각되고, 내가 빨간 사과를 '보는 일'도 감각으로 지각됩니다. 따라서 모두 감각일 뿐입니다.

그런데 그 감각이라는 본질, 감각 자체는 무엇이냔 말입니다.

(잠시 묵상)

그 감각의 본질, 감각 자체에 온통 주의가 기울여질 때, 생각으로는 알 수 없는 의문 속에 빠져들 때, 고요, 침묵, 적정(寂定)의 순간이 찾아옵니다. 온갖 분리와 분열, 분별이 치유되며 전체성에 대한 자각이 일어납니다.

스스로 공명하는 의식, 텅 비었지만 생생하게 작용하는 생명이 나와 세계의 실상임이 드러나게 됩니다. 육적인 나의 한계가 확장되면서 일체가 신령한 영의 자기 현현임을 이해하게 됩니다. 일체가 내 안에, 내가 일체 안에 있습니다.

바로 지금 여기 이 순간 이 자리 있는 그대로의 내 존재입니다.

(침묵)

30. 어린아이와 같지 않으면

사람들이 어린이들을 예수께 데리고 와서 손을 얹어 축복해 주시기를 청하자 제자들이 그들을 나무랐다. 그러나 예수께서는 화를 내시며 "어린이들이 나에게 오는 것을 막지 말고 그대로 두어라. 하나님의 나라는 이런 어린이와 같은 사람들의 것이다. 나는 분명히 말한다. 누구든지 어린이와 같이 순진한 마음으로 하나님 나라를 받아들이지 않으면 결코 거기 들어가지 못할 것이다." 하고 말씀하셨다. 그리고 어린이들을 안으시고 머리 위에 손을 얹어 축복해 주셨다.

_마가복음, 10:13~16

아무리 감정이 메마른 사람이라 할지라도 천진하게 웃는 어린아이를 보면 자기도 모르게 미소 짓지 않을 수 없을 것입니다. 자기만의 고민, 힘겨운 상황 속에 있는 사람일지라도 청명한 방울 소리 같은 어린아이의 웃음소리를 들으면 그 순간만큼은 잠시 모든 것을 잊을 수 있을 것입니다. 말 그대로 어린아이들은 천사와 같습니다. 그들은 천국을 살고 있습니다.

도대체 어린아이들이 가진 무엇이 그렇게 만드는 것일까요?

(잠시 묵상)

어쩌면 어린아이들은 어른들이 가지고 있는 것을 가지고 있지 않기 때문에 언제나 바로 지금 여기 이 순간을, 천국을 살 수 있는 지도 모릅니다. 우리 어른들도 어린 시절 분명히 누리고 살았던 그 것을 어느 사이엔가 잃어버렸습니다. 아니, 잊어버렸습니다. 있는 그대로 하늘이 부여한 우리 본래의 성품, 본래의 면목을 우리는 망각하고 살고 있었습니다.

그것이 무엇일까요?

(잠시 묵상)

어린아이의 눈망울을 가만히 들여다본 적이 있습니까? 어린아이의 눈동자 속에서 무엇을 발견할 수 있었습니까? 인형 같은 까만 눈동자 속에 '나'가 들어 있던가요? '나'라는 생각, '내 것'이라는 생각이 들어차 자리 잡고 있던가요? 오히려 그런 것들의 부재, 생각의 흔적 없이 생생하게 살아 있는 생명력만이 가득하지 않던가요?

기회가 되면 어린아이의 눈망울을 가만히 들여다보십시오. 그리고 그 눈망울에 비친 자신의 모습도 되돌려 살펴보십시오.

우리는 모두 한때 천국을 살았습니다. 거기에서 왔기 때문에 당연히 그곳에서 살 수 있었습니다. 그런데 시작을 알 수 없는 어느 시점에 '나'가 등장했습니다. 원래 없었던 생각이라는 기능이 육체적 성장과 더불어 생겨났습니다. 그와 동시에 우리는 천국에서, 낙원에서 추방되어 상대적 대립과 분별로 가득 찬 이 '세계' 속에 떨어졌습니다. 천국은 어디로 사라져 버린 것일까요?

(잠시 묵상)

예수는 말합니다. "누구든지 어린이와 같이 순진한 마음으로 하나님 나라를 받아들이지 않으면 결코 거기 들어가지 못할 것이다."라고.

어린아이의 순진한 마음, 순수한 마음이 바로 하나님 나라, 천국, 낙원입니다. 그것이 우리의 본래 성품, 본래 면목입니다. 우리의 참된 정체성, 참나입니다. 아무 내용이 없는 의식, 텅 비었지만 가득 차 있는 생명의 힘, 영원한 현재, 바로 지금 여기, 순수한 존재 자체가 바로 그것입니다.

아무리 나이를 먹어도 그것은 사라지지 않습니다. 잃어버릴 수 없습니다. 다만 잃어버렸다고 착각했을 뿐입니다. 다만 까맣게 잊어버렸을 뿐입니다.

그대가 아는 모든 것은 '나'와 '내 것', '세계'입니다. 아는 것은 하나님 나라가 아닙니다. 천국은 알 수 있는 것이 아닙니다. 천국은 '나' 바깥에 있는 무엇이 아니기 때문입니다. 다시 말하지만, 그것이 우리의 본래 성품, 본래 면목, 참나입니다. 우리는 천국 바깥에 있지 않습니다.

생각이 스스로 멈추는 순간, 생각이 저절로 쉬어지는 순간, 본래 있던 이것, 바로 지금 여기 이 순간의 진실이 드러납니다. 계시처럼 한순간 천국을 보게 됩니다. 언제나 바로 지금 여기 있었습니다. 늘 변함없이 이렇게 있었습니다. 이 사실을 깨닫기 전까지 자기 안에서, 자기를 잃고, 자기를 찾고 있었습니다.

이 자리에 있으면서 다른 곳을 꿈꾸며 살았습니다. 이 순간에 있으면서 다른 때를 갈망하며 살았습니다. 꿈을 꾸었을 뿐입니다.

(잠시 묵상)

진실로 어린아이처럼 순진한 마음, 순수한 마음 가운데는 '순진'과 '순수' 같은 티끌마저 없습니다. 어른의 눈에는 마치 무지(無知)처럼 비춰지지만 결코 무지한 것이 아닙니다. 앎의 내용은 없지만 앎마저 없는 것은 아닙니다. 무엇에 대한 앎이 아니라 앎 그 자체일 뿐입니다.

이 앎을 다시 알 자가 따로 없습니다. 그러므로 둘이 아니고, 하나 또한 아닙니다. 어쩔 수 없어 절대자, 하나님이라 말하지만, 그역시 상대적인 분별의 소산일 뿐입니다. 결코 생각을 통해 확인되고 증명되는 것이 아닙니다. 오히려 그 마지막 의문이 사라지는 순간, 확인과 증명의 필요성 또한 사라질 뿐입니다.

어둠이 빛을 이길 수는 없는 법입니다.

(침묵)

31. 천국은 너희 가운데

하나님 나라가 언제 오겠느냐는 바리사이파 사람들의 질문을
받으시고 예수께서는 이렇게 대답하셨다.
"하나님 나라가 오는 것을 눈으로 볼 수는 없다. 또 '보아라, 여
기 있다.' 혹은 '저기 있다.'고 말할 수도 없다. 하나님 나라는 바
로 너희 가운데 있다."
_누가복음, 17:20~21

인간 의식의 근본적인 결함은 바로 지금 여기 이 순간 이미 있는
것은 무시하고 그 자리에서 일어난 생각, 판단과 분별을 믿는다는
것입니다.

한 생각 일으키기 이전, 그 생각의 바탕, 근원이 되는 '무엇'이 이
미 있었습니다. 그 '무엇'에서 생각은 일어나고 잠시 유지되다가 그
'무엇' 속으로 사라집니다. 그러나 그 '무엇'은 일어나지도 사라지지
도 않습니다. 그 '무엇'은 바로 지금 여기 이렇게 언제나 변함없이

있습니다.

그 '무엇'이 우리 존재의 근원, 영원한 현재, 영원한 생명입니다. 태초 이전부터 있었으며 이 세상이 끝날 때까지, 그리고 그 이후에도 있습니다.

그 '무엇'이 바로 하나님 나라입니다.

(잠시 묵상)

하나님 나라는 우리 바깥 어딘가에 존재하는 특별한 공간이 아닙니다. 굳이 말하자면 바로 지금 여기가 하나님 나라입니다. 우리의 진정한 존재, 본래 모습이 하나님 나라입니다. 하나님 나라는 안도 없고 밖도 없습니다. 시작도 없고 끝도 없습니다.

내가 내게서 결코 떨어질 수 없는 것처럼, 결코 우리 자신과 분리될 수 없는 것이 바로 하나님 나라입니다. 하나님 나라를 밖에서 찾으면 절대로 찾을 수 없지만, 믿음을 가지고 찾는 마음을 멈추면 우리는 이미 그 나라 가운데 있습니다. 자신의 믿음이 자신을 구원합니다.

바로 지금 여기 없는 것을 갈구하지 말고, 바로 지금 여기 분명하게 있는 것을 발견하십시오.

(잠시 묵상)

없는 것처럼 보이지만 분명하게 있습니다. 분명히 있지만 마치 없는 것처럼 보입니다.

생각을 일으켜 찾으려 하면 결코 찾을 수 없지만, 생각을 고요히 하고 찾는 일을 멈추면 이미 있는 그것입니다. 시시각각 변하는 느낌, 감정, 생각의 내용물이 아니라, 그 내용물들이 자유롭게 나타났다 사라지는 허공처럼 텅 빈 공간, 아무것도 없는 채로 분명히 존재하는 마음을 발견하십시오.

바로 지금 여기 이 순간 이것이 그것입니다.

이것을 생각으로 판단하여 분별하려면 애매모호하지만, 그 헛된 움직임을 멈추면 너무나 명백한 사실입니다. 어떤 증명도 필요 없이 자명한 진실입니다. 의심이 끝나는 순간, 신앙이 완성됩니다. 일말의 머뭇거림, 헤아림이 남아 있다면 바로 지금 여기 있는 하나님 나라를 볼 수 없습니다.

믿으면 보고, 보면 믿습니다. 보는 것이 믿는 것이요, 믿는 것이 보는 것입니다. 눈을 뜨십시오. 깨어나십시오. 하나님 나라가 이미 여러분 가운데 도래해 있습니다. 바로 지금 여기 이 순간을 맛보십시오. 느껴보십시오. 이 없는 듯 있는 것의 존재감을 수용해 보십시오.

(침묵)

32. 아버지와 나는 하나

때는 겨울이었다. 예루살렘에서는 봉헌절 축제가 벌어지고 있었다. 예수께서는 성전 구내에 있는 솔로몬 행각을 거닐고 계셨는데 유다인들이 예수를 둘러싸고 "당신은 얼마나 더 오래 우리의 마음을 조이게 할 작정입니까? 당신이 정말 그리스도라면 그렇다고 분명히 말해 주시오." 하고 말하였다.

그러자 예수께서는 "내가 이미 말했는데도 너희는 내 말을 믿지 않는구나. 내가 내 아버지의 이름으로 행하는 일들이 바로 나를 증명해 준다. 그러나 너희는 내 양이 아니기 때문에 나를 믿지 않는다. 내 양들은 내 목소리를 알아듣는다. 나는 내 양들을 알고 그들은 나를 따라 온다.

나는 그들에게 영원한 생명을 준다. 그래서 그들은 영원히 죽지 않을 것이고 아무도 그들을 내 손에서 빼앗아 가지 못할 것이다. 아버지께서 내게 맡겨 주신 것은 무엇보다도 소중하다. 아무도 그것을 아버지의 손에서 빼앗아 갈 수 없다. 아버지와 나는 하나이다." 하고 대답하셨다.

_요한복음, 10:22~30

많은 사람, 영적 구도자들은 바로 지금 여기 있는 그대로의 나 자신의 존재 자체가 진리라는 사실을 선뜻 받아들이지 못합니다. 그것은 너무나 평범하고 아무것도 아닌 것 같기 때문입니다. 그들의 구도가 바로 이 평범하고 아무것도 아닌 것 같은 자기 자신에게서 도피하려는 행위였기 때문입니다. 그러나 역설적이게도 모든 구도는 정확히 자신이 출발했던 바로 그 지점, 바로 지금 여기 있는 그대로의 나 자신으로 돌아와야 끝나게 됩니다.

원래 영적인 구도 행위와 수행은 바로 지금 여기 있는 그대로의 나 자신에게로 돌아오기 위한 수단과 방편으로 기획된 것입니다. 그런데 어찌 된 일인지 수단과 방편에 의지하면 의지할수록 바로 지금 여기 있는 그대로의 나 자신에게서 멀어지게 됩니다. 바로 지금 여기가 아닌 미래의 언젠가 저기, 있는 그대로의 나 자신이 아니라 자신이 꿈꾸는 이상적인 모습의 나가 되기 위해 그것을 사용하고 있기 때문입니다.

바로 지금 여기 있는 그대로의 자기 자신을 믿지 못하기 때문에 거기에서 일어난 생각에 의지합니다. 판단과 분별에 의지해 모든 것을 재단하고 확인하고 증명받으려 합니다. 그러나 본래 이원적인 속성, 상대적인 속성을 가진 생각으로는 절대적 확신에 도달할 수 없습니다. 강박증 환자처럼 끝없이 변하는 상황에 주의를 기울이고 신경을 쓰느라 마음이 편안할 수 없습니다. 생각은 불안의 원인이 자기 자신이라는 사실을 알지 못한 채 끝없이 불안해합니다.

바로 이러할 때 깨달음, 신앙의 도약이 필요합니다.

(잠시 묵상)

바로 지금 여기 있는 그대로의 나를 보십시오. 어떤 대상을 보는 것이 아니라, 보고 있는 이것이 보려는 그것입니다. 보는 자가 보려는 대상입니다. 보는 자, 보려는 대상, 보는 일 전체가 바로 지금 여기 있는 그대로의 나, 눈앞의 진실입니다. 바로 이것입니다. 이원적 분리가 전혀 없기 때문에 생각할 필요가 없습니다. 생각하는 순간, 보는 자와 보려는 대상으로 분열됩니다. 그러면 보는 일과 보지 못하는 일이라는 차별이 벌어집니다.

아버지와 나는 하나입니다. 진리와 나는 하나입니다. 깨달음과 나는 하나입니다. 왜, 어째서 하나인지 분별을 일으키는 순간, 둘이 됩니다. 그 하나를 인식하고 체험하고 확인하려고 하는 순간, 둘이 됩니다. 그러나 그 둘 역시 하나입니다. 진실로 하나라면 하나를 알 다른 하나가 없습니다. 그 순간 하나마저도 사라집니다. 그것이 깨달음, 신앙의 완성입니다. 바로 지금 여기 있는 그대로의 나가 바로 그것입니다. 없지만 있는 나가 참나입니다.

(잠시 묵상)

천신만고 끝에 바로 지금 여기 있는 그대로의 나로 돌아오는 순간, 단 한 순간도 바로 지금 여기 있는 그대로의 나에게서 벗어난 적이 없었다는 사실을 깨닫습니다. 언제 어디서나 바로 지금 여기 있는 그대로의 나였습니다. 따라서 돌아왔지만 돌아온 것도 아닙니다. 떠났지만 사실은 떠난 것도 아니듯이 말입니다. 이것이 신앙의 신비요, 은총의 신비, 구원의 신비입니다. 평범하고 아무것도 아닌 것이 진실로 비범한 모든 것입니다.

아멘.

(침묵)

33. 예수를 믿지 않는 사람들

예수께서 그렇게도 많은 기적을 사람들 앞에서 행하셨건만 그
들은 예수를 믿으려 하지 않았다. 그리하여 예언자 이사야가,
"주여, 우리가 전한 말을 누가 믿었으며 주께서 보여 주신 능력
을 누가 깨달았습니까?" 한 말이 이루어졌다. 그들이 믿을 수가
없었던 이유를 이사야는 또 이렇게 말하였다.

"주께서 그들의 눈을 멀게 하시고 그들의 마음을 둔하게 하셨으
니 이는 그들이 눈을 가지고도 알아보지 못하고 마음으로도 깨
닫지 못하여 끝내 나에게로 돌아오지 못하고 나한테 온전히 고
쳐지지 못하게 하시려는 것이다."

이것은 이사야가 예수의 영광을 보았기 때문에 말한 것이며 또
예수를 가리켜서 한 말이었다.

유다 지도자들 중에서도 예수를 믿는 사람들이 많았으나 바리
사이파 사람들이 두려워서 예수 믿는다는 말을 드러내 놓고 하
지는 못하였다. 회당에서 쫓겨날까 겁이 났던 것이다. 그들은
하느님께서 주시는 영광보다도 인간이 주는 영광을 더 사랑하
는 사람들이었다.   _요한복음, 12:37~43

170

선가(禪家)의 《신심명(信心銘)》이라는 글에 다음과 같은 구절이
있습니다.

　믿는 마음은 둘이 아니요,
　둘 아님이 믿는 마음이다.

나와 남, 나와 진리, 나와 예수가 둘로 있으면 참된 믿음이 아닙
니다. 둘 아닌 것이야말로 진실한 믿음, 절대적 믿음입니다.

예수는, 진리는 우리 눈앞에서 많은 기적을 보였습니다. 바로
지금 이 순간 이렇게 보고, 이렇게 듣고, 이렇게 느끼고, 이렇게 압
니다. 이 육체를 살아 있게 하고, 시간과 공간이 펼쳐지게 만들며,
그 안에서 온갖 사건을 벌어지게 만드는 장본인이 바로 예수이자
하나님이면서 성령이고 생명인 이 진리입니다.

눈을 가지고 보고 있으면서도 이 진리를 깨닫지 못하고, 마음으
로 알고 있으면서도 이 진리를 알아차리지 못합니다. 이미 있는 그
대로 자기 자신인데 자기 자신을 알지 못하고, 이미 온전히 자기
자신인데 자기 자신을 부족하다 여깁니다. 진리를 몰라서 모르는
것이 아니라 알면서도 외면하고 있습니다.

구약의 예언자 이사야는 예수를 보았습니다. 먼 훗날 육신으로 나타난 예수가 아니라, 하나님이자 그의 아들인 예수, 진리의 화현이자 진리 자체인 예수, 이사야 안에 있고 이사야 자신인 예수를 보았기에 그의 영광을 증언할 수 있었습니다. 예수는 언제나 나와 함께, 나의 존재로서 있습니다.

(잠시 묵상)

사람들은 예수를 믿지 못합니다. "오직 예수!"를 외치는 신심 깊은 교인마저도 자기 바깥에 허상으로 존재하는 '예수'를 믿을 뿐, 자기 자신인 참 존재, 자기 자신인 예수를 믿지는 않습니다. 종이 위에 기록된 말씀과 교회가 가르친 교리를 믿을 뿐, 있는 그대로의 자기 자신을 믿지는 않습니다.

그래서 그들의 외침처럼 "예수 천국, 불신 지옥!"인 것입니다. 예수는, 천국은 자기 안에 있습니다. 이 사실을 믿지 못하면 이 현실은 지옥이 됩니다. 견딜 만한 지옥이냐, 견디지 못할 만큼 끔찍한 지옥이냐는 그다지 중요하지 않습니다. 오직 자기 자신에 대한 믿음, 이 진리에 대한 믿음만이 구원입니다.

(잠시 묵상)

우리는 자기 자신을 알지 못합니다. 이 알지 못하는 것이 자기입니다. 알지 못하지만 분명히 존재합니다. 존재하지만 하나의 대상으로 알 수는 없습니다. 진정한 자기 자신, 진리는 둘이 아니기 때문입니다. 오직 하나뿐인 진리, 하나님을 알 수는 없습니다. 알 수는 없지만 분명 존재합니다.

이것이 믿음입니다. 이 믿음으로 모든 인간적 판단과 분별을 쉬게 됩니다. 단순히 존재합니다. 상대적 차별의 경계선이 허물어지면서 모든 것이 둘 아닌 하나 속으로 녹아듭니다. 모든 것이 하나임, 하나님 안에서 평등합니다. 대립과 갈등, 투쟁이 멈추면서 거대한 강물의 흐름처럼 평화가 찾아옵니다.

바깥의 대상을 좇던 방황이 멈춰지고, 세상의 것에 대한 욕망이 사라져 갈수록 온전히 자기 자신인 채로 남게 됩니다. 서서히 안과 밖이라는 구분마저 사라지고 내가 세상 안에 있으면서 동시에 세상이 내 안에 존재하게 됩니다. 내가 바로 세상이고, 세상이 바로 나임이 분명하게 됩니다.

이것이 진실한 믿음의 성취입니다.

(침묵)

34. 카이사르의 것은 카이사르에게

그들은 예수의 말씀을 트집 잡아 올가미를 씌우려고 바리사이파와 헤로데 당원 몇 사람을 예수께 보냈다.

그 사람들은 예수께 와서 이렇게 물었다. "선생님, 선생님은 진실하시며 사람을 겉모양으로 판단하지 않으시기 때문에 아무도 꺼리시지 않고 하나님의 진리를 참되게 가르치시는 줄 압니다. 그런데 카이사르에게 세금을 바치는 것이 옳습니까? 옳지 않습니까? 바쳐야 합니까? 바치지 말아야 합니까?"

예수께서 그들의 교활한 속셈을 알아채시고 "왜 나의 속을 떠보는 거냐? 데나리온 한 닢을 가져다 보여 다오." 하셨다. 그들이 돈을 가져오자 "이 초상과 글자가 누구의 것이냐?" 하고 물으셨다. 그들이 "카이사르의 것입니다." 하고 대답하자 "그러면 카이사르의 것은 카이사르에게 돌리고 하나님의 것은 하나님께 돌려라." 하고 말씀하셨다. 그들은 예수의 말씀을 듣고 경탄해 마지않았다.

_마가복음, 12:13~17

《반야심경》이라는 경전에 보면 "색즉시공 공즉시색(色即是空 空即是色)."이라는 구절이 있습니다. 이 말은 '온갖 현상이 그대로 텅 빈 본질이요, 텅 빈 본질이 그대로 온갖 현상'이라는 뜻으로 풀이할 수 있습니다. 기독교식으로 해석하자면, '피조물이 그대로 창조주요, 창조주가 그대로 피조물'이라 할 수도 있습니다.

진리는 상대성과 절대성, 절대성과 상대성을 함께 갖추고 있는 것입니다. 이른바 절대적 진리의 세계와 상대적 진리의 세계가 둘이면서도 하나요, 하나이면서도 둘인 것입니다. 둘에 집착하여 하나를 망각해도 안 되지만, 하나를 지키느라 둘을 무시해도 안 됩니다.

하나에도 막히지 않고 둘에도 머물지 않는 것을 일러 중도(中道)의 정견(正見)이라 합니다. 이것을 《금강경》에서는 "마땅히 머무는 바 없이 그 마음을 낸다."고 하였고, 《유마경》에서는 "능히 모든 현상의 모습을 잘 분별하지만 첫째 뜻(절대적 진리)에서 움직임이 없다."고 하였습니다.

텅 빈 본질에서 온갖 현상이 나타납니다. 불생불멸의 창조주로부터 필생필멸의 피조물이 창조됩니다. 절대성의 자리에서 상대성을 굴립니다. 그러나 온갖 현상은 텅 빈 본질로 회귀하고, 피조물은 결국 창조주에게로 돌아가며, 모든 상대성은 그대로 절대성의 현현일 뿐입니다.

(잠시 묵상)

둘, 상대성, 현상의 입장에서 하나, 절대성, 본질을 부정하거나, 하나, 절대성, 본질의 입장에서 둘, 상대성, 현상을 부정하는 것은 모두 어리석음의 소치입니다. 이 둘이면서 하나이고, 하나이면서 둘인 진리를 밝게 보지 못한 까닭입니다. 하나라는 견해, 둘이라는 분별에 막혀 자유롭지 못한 것입니다.

카이사르에게 세금을 바치는 것이 옳으냐 그르냐를 묻는 사람들이 바로 그런 사람들입니다. 유대가 로마의 식민 지배를 받는 상황에 예수가 절대적 입장에서 세금을 바칠 필요가 없다고 하면 세간 법에 의거해 예수를 고소할 것이고, 상대적 입장에서 세금을 바치라고 하면 민족의 배신자로 예수를 비난할 것입니다.

양자 가운데 어느 것을 선택해도 허물을 면치 못할 상황에서 예수는 전혀 뜻밖의 수를 내놓습니다. 그 당시 화폐로 사용하고 있던, 카이사르의 얼굴이 새겨진 로마의 동전을 보여 주며, 카이사르의 것은 카이사르에게 돌리고 하나님의 것은 하나님께 돌리라고 말합니다.

(잠시 묵상)

예전에 만공(滿空) 스님이 대중과 더불어 수박 공양을 하려 할 때였습니다. 마침 나뭇가지 위에서 매미가 울고 있었는데 대중을 둘러보고 이르기를, "누구든지 날랜 사람이 있어 매미 소리를 잡아 오는 사람에게는 수박 값을 안 받겠지만, 만일 못 잡아 온다면 동전 서 푼씩 받겠으니 여기에서 대중들은 모두 한마디씩 일러 보라." 하였습니다.

이때 어떤 이는 매미 잡는 시늉을 하고, 어떤 이는 매미 우는 소리를 내었으며, 어떤 이는 할(喝)을 하였고, 어떤 이는 주먹을 들어 보이는가 하며, 또 어떤 이는 스님의 등을 탁 때리고 말하기를, "매미를 잡아 왔습니다." 하니 만공 스님은 "모두 돈 서 푼씩 내라." 하였습니다.

그때 금봉(錦峰) 스님이 나와서 원상(圓相)을 그려 놓고 말하기를, "모양 가운데는 부처가 없고, 부처 가운데는 모양이 없습니다."라고 했습니다. 그러나 스님은 "금봉 자네도 서 푼 내게." 하였습니다. 마침 보월(寶月) 스님이 들어오자 스님이 이르기를, "지금 대중이 이러이러했으니, 자네는 어떻게 하겠는가?" 하였습니다.

그러자 보월 스님은 곧 주머니 끈을 풀고 돈 서너 푼을 꺼내 스님에게 올렸습니다. 만공 스님은 비로소 웃으며 "자네가 비로소 내 뜻을 알았네."라고 하였습니다.

(잠시 묵상)

《법화경》에 이르기를, "이 법이 법의 자리에 머무니, 세간의 모습이 항상 머문다." 하였습니다.

(침묵)

35. 나는 길이요 진리요 생명이다

예수께서는 "나는 길이요 진리요 생명이다. 나를 거치지 않고서
는 아무도 아버지께 갈 수 없다. 너희가 나를 알았으니 나의 아
버지도 알게 될 것이다. 이제부터 너희는 그분을 알게 되었다.
아니 이미 뵈었다." 하고 말씀하셨다.

_요한복음, 14:6~7

'나'는 무엇일까요?

(잠시 묵상)

우리는 대개 다른 사람과 구별되는 개성을 가진 특정한 육체를
'나'라고 여깁니다. 그러나 그러한 '나'는 필멸의 존재로서 영원한
'나', 예수가 말한 길이요, 진리요, 생명으로서의 '나', 진리인 아버
지에 이르는 '나'일 수 없습니다.

그렇다면 그 '나'는 무엇일까요?

(잠시 묵상)

바로 지금 이 순간 가장 확실하고 가장 자명하고 가장 분명한 것이 무엇입니까? 결코 의심할 수 없는 사실이 무엇입니까? 생각을 통해 확인할 필요가 없는 것은 무엇입니까?

바로 지금 이 순간 '나'가 존재한다는 이 사실입니다.

'나'가 무엇인지는 모르지만, '나'라는 이름으로 부르는 무엇, 온갖 현상의 변화 작용을 지각하고 있는 무엇이 있다는 사실은 부정할 수 없습니다. '나'는 '나'를 모르겠다고 하는 것마저 이 '나'를 증명하는 일이기 때문입니다.

(잠시 묵상)

마치 빛과 같아서 어둠 가운데 빛이 드러나는 순간, 모든 대상이 나타남과 동시에 빛 자신 역시 드러나게 됩니다. 드러나는 대상을 통해서 빛이 확인될 뿐, 이 빛을 다른 빛을 통해 확인할 수는 없습니다.

온 우주에 오직 이 하나의 빛, 이 하나의 '나'만이 있기 때문입니다.

'나'는 모든 것을 비추고, 모든 것을 지각하고, 모든 것을 수용하지만, 그 '나'를 비추고, 지각하고, 수용할 수는 없습니다. 눈이 눈 자신을 볼 수 없듯이, 칼이 칼 자신을 자를 수 없듯이, 손이 손 자신을 잡을 수 없듯이.

따라서 이 '나'는 볼 수도, 들을 수도, 냄새 맡을 수도, 맛볼 수도, 느낄 수도, 알 수도 없습니다. 그러나 이 '나'가 보고, 듣고, 냄새 맡고, 맛보고, 느끼고, 압니다. 이 '나'는 영원한 생명, 영원한 존재입니다.

(잠시 묵상)

바로 지금 여기 이 순간 이렇게 있습니다. 이렇게 보고 있습니다. 이렇게 듣고 있습니다. 이렇게 냄새 맡고 있습니다. 이렇게 맛보고 있습니다. 이렇게 느끼고 있습니다. 이렇게 알고 있습니다.

바로 이것입니다!

이 '나'는 아는 것도 아니고, 모르는 것도 아닙니다. 이 '나'는 있는 것도 아니고, 없는 것도 아닙니다. 아무 내용이 없는 텅 빈 마음, 순수하고 명징한 의식 자체, 부분이 아닌 전체로서의 존재가 이 '나'입니다.

이 '나'야말로 길이요, 진리요, 생명입니다.

(침묵)

36. 그 날과 그 시간

"그러나 그 날과 그 시간은 아무도 모른다. 하늘에 있는 천사들도 모르고 아들도 모르고 오직 아버지만이 아신다. 그 때가 언제 올는지 모르니 조심해서 항상 깨어 있어라.

그것은 마치 먼 길을 떠나는 사람이 종들에게 자기 권한을 주며 각각 일을 맡기고 특히 문지기에게는 깨어 있으라고 분부하는 것과 같다. 집주인이 돌아올 시간이 저녁일지, 한밤중일지, 닭이 울 때일지, 혹은 이른 아침일지 알 수 없다. 그러니 깨어 있어라. 주인이 갑자기 돌아와서 너희가 잠자고 있는 것을 보게 되면 큰일이다.

늘 깨어 있어라. 너희에게 하는 이 말은 또한 모든 사람에게 하는 말이다."

_마가복음, 13:32~37

사람들은 언젠가 이 세상의 종말이 올 것이라는 사실에 불안해 합니다. 그래서 그러한 종말에 관한 예언이나 비기(祕記), 도참(圖讖) 따위에 많은 관심을 두기도 합니다. 마치 자기 자신에게만은 영원한 삶이 보장되어 있는 듯 아직 도래하지 않은 미래의 종말을 걱정하며 그것에 대비해야 한다고 생각합니다. 그 모든 불안과 걱정이, 자기 자신과 세상이 따로 있으며, 그 둘은 시작이 있으므로 언젠가는 끝이 있을 거라는 생각에서 비롯되었습니다.

그러나 과연 그러한가요?

세상은 나의 바깥에 객관적이고 독립적으로 존재하나요? 나와 세상은 별개의 것인가요? 이제껏 나 없는 세상을 단 한 번이라도 경험하신 적이 있나요? 내가 세상과 상관없이 단 1초라도 존재한 적이 있었나요? 언제나 나는 세상 가운데 있지 않았나요? 일정한 시공간 가운데 내가 세상과 아무런 분리 없이 있지 않았나요? 세상은 늘 나와 동시에 있지 않았나요? 내 의식이 깨어 있는 동안에만 세상은 존재하지 않았나요?

결국 내가 곧 세상이고, 세상이 곧 나 아닌가요?

(잠시 묵상)

우리는 자기 자신이 개별적 실체라고 굳게 믿는 만큼, 바깥 세계 또한 굳건한 실체라 믿습니다. 바깥 세계의 현실성은 다름 아닌 나라는 존재의 확실성이 투영된 것입니다. 마찬가지로 나라는 개별적 실체의 현실성 또한 바깥 세계의 확실성에 의존하고 있습니다. 결국, 내 존재의 근거는 바깥 세계에 있고, 바깥 세계의 존재 근거는 나에게 있는 셈입니다. 그렇다면 나와 세계는 실체 없이 존재하는 환상이나 신기루와 같은 것일 뿐입니다.

이러한 인식의 전환, 깨달음의 순간, 나와 이 세상은 있는 이대로 종말을 맞이하게 됩니다. 이러한 입장에서 나와 세상의 종말이란 결코 비극이 아닙니다. 새로운 삶, 새로운 하늘과 새 땅이 열리는 개벽의 순간입니다. 태어났으므로 죽어야 하고, 시작이 있으므로 끝이 있는 유한한 시간 속에 제한된 나와 세계가 종말을 맞는 순간, 그와 동시에 태어난 적 없고 따라서 죽지 않으며, 시작도 없고 끝도 없는 영원한 생명, 하늘나라를 보게 됩니다.

(잠시 묵상)

그 날과 그 시간이 언제일지는 아무도 모릅니다. 그러므로 늘 깨어 있어야 합니다. 나와 세상이라는 드라마, 꿈같고 환상 같은 이야기 속에 빠져들어 가서는 안 됩니다. 언제나 바로 지금 여기 이 순간 눈앞으로 주의를 돌려야 합니다. 회개해야 합니다. 회심해야 합니다. 겉으로 보이는 현상을 좇던 눈을, 그것을 무심하게 바라보고 있는 자기 자신에게로 돌려야 합니다. 활짝 깨어나는 순간, 비로소 나와 세계라는 꿈속에서 벗어나게 됩니다.

언제나 바로 지금 여기, 시간이 없는 곳에 머물게 됩니다.

(침묵)

37. 아버지의 뜻대로

그들은 게쎄마니라는 곳에 이르렀다. 예수께서 제자들에게 "내가 기도하는 동안 여기 앉아 있어라." 하시고 베드로와 야고보와 요한만을 따로 데리고 가셨다. 그리고 공포와 번민에 싸여서 "내 마음이 괴로워 죽을 지경이니 너희는 여기 남아서 깨어 있어라." 하시고는 조금 앞으로 나아가 땅에 엎드려 기도하셨다. 할 수만 있으면 수난의 시간을 겪지 않게 해 달라고 하시며 "아버지, 나의 아버지! 아버지께서는 무엇이든 다 하실 수 있으시니 이 잔을 나에게서 거두어 주소서. 그러나 제 뜻대로 마시고 아버지의 뜻대로 하소서." 하고 말씀하셨다.

이렇게 기도하시고 나서 제자들에게 돌아와 보시니 그들은 자고 있었다. 그래서 베드로에게 "시몬아, 자고 있느냐? 단 한 시간도 깨어 있을 수 없단 말이냐? 유혹에 빠지지 않도록 깨어 기도하라. 마음은 간절하나 몸이 말을 듣지 않는구나!" 하시고 다시 가셔서 같은 말씀으로 기도하셨다. 그리고 다시 돌아와 보시니 그들은 여전히 자고 있었다. 그들은 너무나 졸려 눈을 뜨고 있을 수가 없었던 것이다.

_마가복음, 14:32~40

이 길을, 이 진리를 따르려는 사람은 반드시 좁은 문, 십자가, 영적인 수난, 영적인 죽음을 겪게 됩니다. 반드시 부활의 체험, 갱생의 체험, 크게 죽은 다음 다시 살아나는 체험을 하게 됩니다. 그 과정을 통해 육적인 것, 세속적인 것, 거짓된 것은 떨어져 나가고, 본래 완전하게 갖추고 있던 영성, 아버지와 둘이 아닌 신성을 회복하게 됩니다.

그러나 그 과정은 결코 쉽지 않습니다. 이 몸과 마음의 소멸에 대한 본능적인 두려움, 그 뿌리 깊은 업의 구속력에서 벗어나기는 대단히 어렵습니다. 예수도 '공포와 번민에 휩싸여' "내 마음이 죽을 지경"이라고 토로하고 있습니다. 그리하여 "할 수만 있다면 수난의 시간을 겪지 않게" 해 달라고 기도합니다. 다만 "제 뜻대로 마시고 아버지 뜻대로 하소서."라고 할 뿐입니다.

(잠시 묵상)

이 포기, 이 내려놓음, 이 순복이 바로 좁은 문을 지나 십자가에 매달려 순순히 자기의 죽음을 받아들임으로써 다시 살아나는 길입니다. 인간적인 자아, 이 몸과 마음이 할 수 있는 일은 다 하되 나머지 모든 것은 하늘의 뜻에 내맡기는 것이 바로 이것입니다. 바로 지금 여기 이 순간 이 자리에서 활짝 깨어 있으면서 그 모든 것을 받아들이는 것입니다.

자신이 할 수 있는 일을 다 했다고 여겨지거든 이제 그만 포기하십시오! 내려놓으십시오! 순복하십시오! 모든 것을 자기보다 더 거대한 이것, 하나님, 온전한 삶, 이 신성한 영에게 내맡기십시오. 알 수 없고, 잡을 수 없고, 느낄 수 없는 아득한 심연 속으로 사라지는 듯한 공포와 두려움을 견디며 온 몸과 마음을 던져 버리십시오!

누구든지 제 목숨을 살리려는 사람은 잃을 것이며, 제 목숨을 잃는 사람은 살릴 것이다. (누가복음, 17:33)

(잠시 묵상)

예수는 그를 따르는 제자들에게 "내가 기도하는 동안 여기 앉아 있어라."라고 하셨습니다. '여기' 있으십시오! 바로 지금 여기 이 순간 이 자리에 있으십시오! 유혹에 빠져 다시 감각이 만들어 낸 환영의 꿈속으로 들어가지 마십시오! 눈을 뜨십시오! 한 치 앞도 보이지 않는 어둠 속에 떨어진 듯한 절망 가운데서 버티다 보면 머 잖아 여명이 밝아 올 것입니다.

어둠은 결코 빛을 이길 수 없습니다.

(침묵)

38. 예수의 침묵

빌라도는 다시 관저 안으로 들어가서 예수를 불러 놓고 "네가
유다인의 왕인가?" 하고 물었다. 예수께서는 "그것은 네 말이
냐? 아니면 나에 관해서 다른 사람이 들려준 말을 듣고 하는 말
이냐?" 하고 반문하셨다.

빌라도는 "내가 유다인인 줄로 아느냐? 너를 내게 넘겨준 자들
은 너희 동족과 대사제들인데 도대체 너는 무슨 일을 했느냐?"
하고 물었다. 예수께서는 이렇게 대답하셨다. "내 왕국은 이 세
상 것이 아니다. 만일 내 왕국이 이 세상 것이라면 내 부하들이
싸워서 나를 유다인들의 손에 넘어가지 않게 했을 것이다. 내
왕국은 결코 이 세상 것이 아니다."

"아무튼 네가 왕이냐?" 하고 빌라도가 묻자 예수께서는 "내가
왕이라고 네가 말했다. 나는 오직 진리를 증언하려고 났으며 그
때문에 세상에 왔다. 진리 편에 선 사람은 내 말을 귀담아 듣는
다." 하고 대답하셨다. 빌라도는 예수께 "진리가 무엇인가?" 하
고 물었다.

_요한복음, 18:33~38

예수께서 총독 앞에 서시자 총독은 "네가 유다인의 왕인가?" 하고 물었다. 예수께서는 "그것은 네 말이다." 하고 대답하셨다. 그러나 대사제들과 원로들이 고발하는 말에는 아무 대답도 하지 않으셨다. 그래서 빌라도가 "사람들이 저렇게 여러 가지 죄목을 들어서 고발하고 있는데 그 말이 들리지 않느냐?" 하고 다시 물었지만, 예수께서는 총독이 매우 이상하게 여길 정도로 아무런 대답도 하지 않으셨다.

_마태복음, 27:11~14

부처님 당시 바이샬리 성에 살던 유마(維摩)라는 거사가 병이 들자, 부처님은 당신의 제자들을 보내 문병하려 하였습니다. 부처님의 제자들은 법에 대한 유마의 뛰어난 안목이 두려워 감히 문병 가기를 꺼렸습니다. 어쩔 수 없이 유마를 찾아가게 된 문수보살을 비롯한 여러 제자는 유마와 더불어 둘 아닌 진리(不二法門)에 관해 이야기를 나누게 되었습니다.

문병 온 보살들이 각자 둘 아닌 진리에 관한 자신의 견해를 이야기했습니다. 마지막으로 문수보살이 "내 생각으로는 일체의 법에 관하여 말할 수도 없고, 설명할 수도 없고, 제시할 수도 없고, 알도록 할 수도 없으며, 일체의 질문과 대답을 여읜 그것이 둘 아닌 진리를 깨닫는 것이라고 생각합니다."라고 말하고는 유마 거사의 생각을 묻자, 유마는 아무 말 없이 가만히 있었습니다.

유마의 침묵은 천둥보다 더 우렁찹니다!

(잠시 묵상)

빌라도가 예수에게 "네가 유다의 왕이냐?"라고 묻자, 예수는 "그것은 네 말이다."라고 대답했습니다.

우리의 자아의식, 분별하는 마음은 끊임없이 질문을 늘어놓습니다. "이것이 그것인가?", "이게 정말 그것이란 말인가?", "정말 이것밖에 없는가?" 등등.

모든 것을 판결하는 자일지라도 이 세상에 속하지 않는 것을 판단할 수는 없습니다. 스스로 아무런 확신이 없이 어떻게 판결을 내릴 수 있겠습니까?

'유다인의 왕', '하나님의 아들', '진리', '깨달음' 모두 '네'가 말한 것일 뿐입니다. 그것은 말해질 수 없는 것, 설명될 수 없는 것입니다.

빌라도는 마지막으로 물었습니다. "진리가 무엇인가?" 예수는 그러나 아무 대답도 하지 않았습니다.

정말 대답하지 않으셨습니까?

(잠시 묵상)

예수의 침묵이 이렇게 귀에 쟁쟁합니다. 귀 있는 자는 듣고, 눈 있는 자는 보십시오! 당신은 이미 그것을 듣고 있었고, 이미 그것을 보고 있었습니다. 당신은 이미 그것이었습니다. 그런데 당신 스스로 그것을 들은 체 만 체, 본 체 만 체 했습니다. 당신이 그를 팔아넘겼고 십자가에 매달았습니다.

진리가 무엇입니까?

당신이 대답할 차례입니다. 말해 보십시오! 진리가 무엇입니까? 어서, 어서 말해 보십시오! 진리가 무엇입니까? 진리는 진정 무엇입니까?

(침묵)

39. 강도와 함께 매달린 예수

그 때에 강도 두 사람도 예수와 함께 십자가형을 받았는데 그
하나는 예수의 오른편에, 다른 하나는 왼편에 달렸다.
_마태복음, 27:38

예수와 함께 십자가에 달린 죄수 중 하나도 예수를 모욕하면서
"당신은 그리스도가 아니오? 당신도 살리고 우리도 살려 보시
오!" 하고 말하였다.
그러나 다른 죄수는 "너도 저분과 같은 사형선고를 받은 주제에
하느님이 두렵지도 않으냐? 우리가 한 짓을 보아서 우리는 이
런 벌을 받아 마땅하지만 저분이야 무슨 잘못이 있단 말이냐?"
하고 꾸짖고는 "예수님, 예수님께서 왕이 되어 오실 때에 저를
꼭 기억하여 주십시오." 하고 간청하였다.
예수께서는 "오늘 네가 정녕 나와 함께 낙원에 들어가게 될 것
이다." 하고 대답하셨다.
_누가복음, 23:39~43

예수는 하나님의 아들, 곧 진리의 화현, 진리의 육화입니다. 또한 그리스도, 메시아, 구원자이십니다. 이 살아 있는 진리, 우리를 세상의 죄악으로부터 구원하시는 분은 늘 가난하고 비천한 자, 고통 받는 자, 세리와 창녀, 병자 가운데 함께 머무셨습니다. 그리고 마침내 죄 없는 그분이 강도(행악자)들과 함께 십자가에까지 매달리셨습니다.

(잠시 묵상)

복음의 이 놀라운 상징을 볼 수 있는 눈과 들을 수 있는 귀를 가졌습니까? 우리의 눈에는 도저히 진리와 구원의 빛이 미치지 못할 것만 같은 상황 가운데에서도 진리와 구원은 한시도 우리를 떠난 적이 없습니다. 우리의 어리석음 때문에, 이미 도달해 있는 진리와 이미 이루어져 있는 구원을 알지 못하고 저 강도 가운데 한 사람과 같은 불평을 늘어놓을 뿐입니다.

진리는 언제 어디서나 항상 우리와 함께 있습니다.

(잠시 묵상)

예수께서 말씀하시지 않았습니까? "오늘 네가 정녕 나와 함께 낙원에 들어가게 될 것이다." 바로 지금 여기 이 순간, 우리가 저마다 지고 있는 십자가야말로 낙원에 이르는 사다리입니다. 천국에 이르는 문입니다. 자신이 현실이라 굳게 믿고 있는 것과의 다툼, 그것에 대한 저항을 잠시 멈추십시오. 그리고 바로 보십시오. 오늘 태어난 어린아이와 같은 눈으로 보십시오.

진정 무엇이 실재하고 있습니까?

(잠시 묵상)

결코 세상의 죄악에 물들지 않는 텅 비고 순결한 것이 눈앞에 있습니다. 어쩌면 그것을 영원한 생명, 신성한 영이라 부를 수도 있을 것입니다. 그것에 더 가까이 다가설 수도 없고, 그것에서 더 멀리 떠나갈 수도 없습니다. 언제나 바로 지금 여기에서 역사(役事)하고 계신 하나님입니다. 내가 그 안에서, 그가 내 안에서 살아 있습니다.

바로 지금 이것입니다.

(침묵)

40. 다 이루었다

예수께서는 신 포도주를 맛보신 다음 "이제 다 이루었다." 하시고 고개를 떨어뜨리시며 숨을 거두셨다.

_요한복음, 19:30

예수는 사람들을 구원하러 이 땅에 내려오지 않았습니다. 예수는 사람들이 이미 구원되어 있음을 알려 주기 위해 내려왔을 뿐입니다. 예수는 십자가에 매달려 죽지 않았습니다. 예수의 부활은 육체의 부활을 말한 것이 아닙니다. 우리에게 본래 죽음이 없다는 사실, 우리가 본래 영원한 생명이라는 사실을 직접 보여 주었을 뿐입니다.

벌써 다 이루었던 것입니다.

(잠시 묵상)

석가는 중생들을 제도하기 위해 이 땅에 오지 않았습니다. 석가는 중생들이 본래 제도되어 있음을 깨우쳐 주기 위해 왔을 뿐입니다. 석가는 사라쌍수 아래에서 열반에 들지 않았습니다. 왔다가 가는 것은 진정한 석가, 참된 부처가 아닙니다. 석가의 열반상은 생사가 없는 가운데 생사의 모양을 굴리는 묘한 작용을 보이기 위함입니다.

본래 다 이루었던 것입니다.

(잠시 묵상)

예수는 신 포도주를 맛본 다음, "이제 다 이루었다."라고 하였습니다. 예전 통도사 극락암에 계시던 경봉 스님이 돌아가실 때, 시자 스님이 여쭈었습니다. "스님을 뵙고 싶을 땐 어찌해야 합니까?" 그러자 경봉 스님은 "야반삼경에 문빗장을 만져 보거라."라고 하셨습니다.

손을 들어 바닥을 만져 보십시오.

(잠시 묵상)

본래 이와 같이 다 이루어져 있습니다.

(침묵)

선(禪)으로 읽는 복음

초판 1쇄 발행일 2023년 1월 20일

지은이 심성일

펴낸이 김윤
펴낸곳 침묵의 향기
출판등록 2000년 8월 30일, 제1-2836호
주소 10401 경기도 고양시 일산동구 무궁화로 8-28,
　　　삼성메르헨하우스 913호
전화 031) 905-9425
팩스 031) 629-5429
전자우편 chimmukbooks@naver.com
블로그 http://blog.naver.com/chimmukbooks

ISBN 979-11-980553-3-0 03220

*책값은 뒤표지에 있습니다.